CHRONIQUE D'UNE INJUSTICE AVALISÉE AU TCHAD

Dinanko Ngomibé

CHRONIQUE D'UNE INJUSTICE AVALISÉE AU TCHAD

Les impliqués
Éditeur

21 bis, rue des écoles, 75005 Paris

www.lesimpliques.fr
contact@lesimpliques.fr

ISBN : 978-2-343-18946-8
EAN : 9782343189468

SOMMAIRE

Dédicace 13

PREMIERE PARTIE

La Necessaire Reforme de la Gestion des Finances Publiques au Tchad

I. Réforme initiee et menee au forceps 15
II l'embryon devenu fœtus 20
III. Accouchement douloureux 25
IV. Procedures à suivre en matière de passation de marchés publics 32
V. L'etat d'avancement 36

DEUXIEME PARTIE

Les difficultés rencontrées

VI. Financement de l'Etat 43
VII. Financement IDA 47
VIII. Financement de l'Union Europeenne 52
IX. Financement de la Cooperation Française 55
X. Financement PNUD 55
XI. Bouffée d'oxygène 56
XII. Delations et pressions diverses 59
XIII. Actes de vandalisme à repétition 68

TROISIÈME PARTIE

Les incontrôlés d'Etat

XIV. Problème de la Gouvernance au Tchad 73
XV. Contrôle à charge, passionnel et orienté 82
XVI. L'épisode judiciaire 97
XVII. Une autre vie commence. 100

XVIII. J'attendais une décoration, je trouve la prison........104
XIX. La comparution..107
XX. Marchandages..110
XXI. Ce que la mission de contrôle n'a pas révélé dans le rapport...125
XXII. De l'indispensable réforme du Contrôle d'Etat.......137
XXIII. La grande surprise...139

ANNEXES..151

SIGLES ET ABREVIATIONS

AFRITAC	
ASDAV	Application pour le suivi des dossiers à viser
ASECNA	
ATI	African Training Institute (voir IFA)
BAD	Banque Africaine de Développement
BEAC	Banque des Etats de l'Afrique Centrale
BIDAV	Bureau d'Information pour les dossiers à viser
BM	Banque Mondiale
C/ACTION	Celle d'Appui Conseil technique et Institutionnel à l'Ordonateur national
C/P	Comité de Pilotage
CAB	Cabinet
CABRI	Initiative Concertée Africaine sur la Réforme Bubdetaire
CBT	Commercial Bank of Tchad
CD	Chad
CDMT	Cadre de dépense à moyen terme
CEFOD	Centre d'Etude et de Formation pour le Développement
CEMAC	Communauté Economique et Monétaire de l'Afrique Central
CH	Chancelerie
CID	Circuit integer de dépenses
CIE	Comptabilité intégrée de l'Etat
COJO	Commission d'ouverture et de jugement des offres
DAAFM	Direction des Affaires Administratives, Financières du matériel
DAFM	Direction des Affaires Financières et du Matériel
DAPJ	Directeur Adjoint de la Police Jidiciaire

DC	Direction de Contrôle
DCEF	Direction du Contentieux Economique et Financier
DDS	Direction de la Documentation et de la Sécurité
DGCE	Direction Générale du Contrôle d'Etat
DGELC	Direction Générale des Etudes, de la Legislation et Contentieuux
DGSAL	Direction Générale des Services Administratifs et de la Législation
DP	Devis Programme
DRH	Direction des Ressources Humaines
FED	Fonds européen de Développement
FMI	Fonds Monétaire International
GEP	Gestion de l'Economie à l'Ere Pétrolière
HCI	Haut Conseil Interministériel
IDA	Association internationale de développement
IFA	Institut de Formation Africaine (voir ATI)
IGF	Inspection Générale des Finances
IPPTE	Initiative des Pays pauvres très endettés
MAPPBG	Ministère de l'Assainissement Public et de la Promotion de la Bonne Gouvernance
MCCGEM	Ministère Chargé du Contrôle Général d'Etat et de la
MF	Ministère des Finances
MFB	Ministère des Finances et du Budget
MFE	Ministère des Finances et de l'Economie
MFEP	Ministère des Finances de l'Economie et du Plan
MFI	Ministère des Finances et de l'Informatique
MFM	Marie Françoise Marie Nelly
MFPTE	Ministère de la Fonction Publique du Travail et de l'Emploi
MJ	Ministère de la Justice
OCMP	Organe Chargé des Marchés Publics
ODD	Objectifs de Développement Durable

ONECS	Office National des Examens et Concours du Supérieur
PAMFIP	Plan d'Actions Pour la Modernisation de la Gestion des Finances Publiques
PAN	Président de l'Assemblée Nationale
PARCAFIP	Projet d'Appui au Renforcement des Capacités des Finances Publiques
PM	Premier Ministère
PNUD	Programme des Nations Unies pour le Développement
PPF	Fonds pour la Préparation du Projet
PR	Présidence de la République
Q	Questure
RDC	République Démocratique du Congo
SCAC	ervice de la coopération et d'Action Culturelle
SE	Sécretariat d'Etat
SG	Sécretaritat Général
SGP	Service Gestion du Personnel
SGTB	Société Générale Tchadienne des Banques
SIGASPE	Système Intégré de Gestion Administrative et Salariale du Personnel de l'Etat
SIGNET	ystème Intégré de Gestion de l'Economie Nationale au Tchad
SIMAC	Nom commercial d'un Cabinet Tunisien
SONASUT	Société Nationale Sucriére du Tchad
SPM	Spécialiste de Passation de Marchés
ST2I	Nom commercial d'un Cabinet Tunisien
STP	Sevrétariat Technique Permanent
STP-P	Secretariat Technique Permanent du PAMFIP
SYDONIA	Système Douanier Automatisé
SYGMA	Système de Gros montants automatisés
SYSTAC	Système de télécompensation en Afrique Centrale
TDR	Termes de Références
TPG	Trésorier Payeur Général

TT	Transit temporaire
USA	Union State of America
VIP	Very important personality

DEDICACE

Je dédie ce témoignage de l'injustice vécue à :

Mon épouse Marthe Mouaguir Bemadje, tu m'as toujours supporté alors que nous étions un jeune couple quasi démuni avec nos deux enfants Marius Gueroumbaye NGomibe et Carolle Rohimy NGomibe pendant la guerre civile qu'a vecue le Tchad de 1979 à 1980 avant la naissance de Sylvie Adneldji NGomibe. Sans soutien particulier, tu t'es occupée presque seule de l'éducation de nos enfants jusqu'à mon retour des études. Tu as failli craquer en apprenant mon arrestation ;

Mes enfants Marius, Carole et Sylvie qui, convaincus de mon innocence, ne saviez à quelle porte frapper pour me libérer. Marius, tu as perdu le sommeil, Carole tu attendais un enfant et tu as manqué de peu de faire une couche prématurée. Sylvie, encore sur le banc du lycée, tu as commencé à désespérer pour la suite de tes études ;

Mes néveux et nièces Nguémadjibaye Ainan, Ndounouba Alexandre, Halitomadji Djingaye, Madnadjoum Djingaye et Ronelngaye Djiminar, qui pleuriez impuissants comme des bébés parce que votre oncle vient de subir une humiliation non admise par votre éducation. Amsinene, la lugubre maison d'arrêt de N'djamena, est devenue votre site touristique où les gardiens de prison sont fatigués de vous et vous agressent verbalement tous les jours ;

Mes petits frères et sœur Noubo-Asbaye Ougongar, Nanrabaye Ougongar, Nguéabaye Ougongar et Félicité Moussatonhal Ougongar, tous adultes mais sous ma tutelle. J'ai compris vos peines à travers vos regards pleins d'interrogations ;

Nguéoudal Goungar, Djoringué Mountangue, Yanyam Djimramadji et Minguemadji Yemte, mes beaux-fils et belles-sœurs, désormais mes enfants, qui faisiez tout ce qui vous reste d'effort pour me manifester votre amour ;

Adoumkdjim Naiban, Madjirangué Naiban, Nann-Itomadji Naiban et Nann-Asra Mayakoub, mes cousins prosternés jour et nuit devant le Seigneur. IL vous a écoutés ;

Motanan Nambissangar, Chef de Canton de Bessada tu m'as honoré en dépêchant une délégation pour me voir en prison ;

Aux membres du Comité de suivi des recommandations du Forum de la Sous- Prefecture de Bessada. Votre appui me rassure que je suis des votres ;

Membres de l'Association de la Jeunesse Avenir de Bessada (AJAB). Votre visite à Amsinene m'a donné de l'émotion mais elle m'a surtout reconforté ;

Au Vicaire Général Paolino Dipo Diend ;

Curé Romain Guelbe, au Vicaire Albert Moudinet et les fidèles de la Paroisse Sainte Thérese d'Avila, le seigneur a exhaussé vos prières ;

Tous mes amis(es), dont la liste est longue à citer, je vous dis merci. Urbain Ramtoudjine, Nantolyane et Lapia Djimitbaye… que dois-je vous dire qui puisse être à la hauteur de votre marque de sympatie ?

Life is struggle

PREMIERE PARTIE

La Necessaire Reforme de la Gestion des Finances Publiques au Tchad

I. Reforme initiee et menee au forceps

Au début de l'année 2004, un diagnostic a été effectué par le Cabinet Mazar au sein de neuf (09) Ministères pilotes au Tchad : Finances, Plan et Coopération, Justice, Enseignement Supérieur, Education Nationale, Santé Publique, Action Sociale, Agriculture et Elevage. Cette étude, financée grâce à l'appui de la Banque Mondiale, a relevé d'importantes lacunes dans la gestion des finances publiques. Ces lacunes font apparaitre :

- Un processus de préparation budgétaire peu participatif et sans mise en perspective ;
- Une exécution budgétaire lente et très centralisée ;
- Des contrôles budgétaires privilégiant les contrôles formels ex-ante.

L'étude conclut que la modernisation de la gestion financière de l'Etat s'impose comme un préalable à toute autre reforme visant à mettre le pays sur la voie du développement. Pour faire suite aux recommandations de l'étude, le Ministre en charge des finances met en place, par Arrêtés du 29 juillet 2004, deux organes chargés de la mise en œuvre de la modernisation.

Ce sont le Comité de Pilotage de la Modernisation du Ministère des Finances et de l'Economie, composé pour l'essentiel des Directeurs Généraux du Ministère des

Finances et de l'Economie, et le Secrétariat Technique Permanent auprès du Comité de Pilotage. Ces deux instances ont été instituées respectivement par les Arrêtés n°273/MEF/2004 et n°274/MEF/2004.

Si l'Arrêté portant création du Comité de Pilotage stipule que c'est le Secrétaire Général du Ministère des Finances et de l'Economie qui en est le Président, l'Arrêté n° 274/MEF/2004 ne précise ni la composition de l'équipe du Secrétariat Technique Permanent, ni la qualité du responsable.

En septembre 2004, une mission de la Banque mondiale, comprenant Messieurs Gladimir, Emile Finateu et Mamadou Larmana Deme, conduite par Madame Marie Françoise Marie Nelly, alias MFM, une dame de caractère, très persévérante dans ses idées, débarque au Tchad. La mission rend des visites de courtoisie aux autorités, dont le Ministre en charge des Finances et profite de l'entretien avec lui pour s'enquérir de l'état d'avancement des travaux préliminaires au démarrage de la réforme recommandée par l'étude Mazar.

En retour, le Ministre rassure la mission que les dispositions sont déjà prises et fait remettre les copies des Arrêtés cités plus haut comme preuve de l'avancée des travaux. Après une lecture rapide, l'équipe de Marie Françoise Marie Nelly relève, poliment et courtoisement, les insuffisances des deux Arrêtés et fait savoir l'urgence et la nécessité de constituer une équipe de cadres capables de commencer les travaux.

Une description sommaire du profil des cadres est proposée au Ministre et Marie Françoise Marie Nelly d'insister que l'équipe doit, de préférence, être constituée immédiatement et se mettre aussitôt au travail de manière à bénéficier de l'appui technique des experts présentement en mission avec elle.

Pour rendre la courtoisie, le Ministre se rappelle qu'au Secrétariat Général, il y a un vivier de « Laoukoura » (entendez cadres scribes ou des corvéables en dialecte local) disponibles et mobilisables sans coût.

Un vendredi du mois de septembre 2004 dans l'après midi le Ministre des Finances et de l'Economie nous convoque à son Bureau et nous intime l'ordre de commencer, sans attendre, les travaux pour le démarrage d'un programme de réforme des finances publiques. Il s'agit de Messieurs :

> Guile Clabe, relevé du poste de Directeur des Affaires Administratives et Financières du Ministère des Infrastructures ;
>
> Ngarasdjim Mon- Aldongar, anciennement chef de service à la Direction Générale du Budget et moi-même, Dinanko NGomibe, ex Directeur Général du Budget.

Pour compléter l'équipe, nous avons fait appel à Messieurs Haltengar Traoudal, cadre à la Direction Générale du Budget, et Christophe Moyengar, relevé du poste d'Assistant du Conseiller aux affaires financières de la Primature.

Même si l'Arrêté n° 274/MEF/2004 portant organisation et attributions du Secrétariat Technique Permanent auprès du Comité de Pilotage ne précise pas qui est le responsable, il nous sert de texte de base pour travailler. En attendant un acte officiel structurant l'équipe, le Ministre me charge oralement de la Coordination des travaux et nous demande de nous installer provisoirement dans une petite salle de la Cellule Informatique.

Celle-ci est créée en 2003, suite à un protocole d'accord par lequel l'Etat Burkinabé à cédé, à titre gracieux, un logiciel de gestion budgétaire au Tchad. La cession ne concerne que le volet exécution de dépenses ; les autres fonctionnalités ne seront négociées que plus tard comme nous allons le voir plus loin.

En vue de donner un caractère officiel au démarrage des travaux, le Ministre instruit le Secrétaire Général, Président du Comité de Pilotage consacré par l'Arrêté n°273/MEF/2004 du 29 juillet 2004, de convoquer tous les Secrétaires et Directeurs Généraux des Départements diagnostiqués pour une réunion de sensibilisation et leur passer le message sur l'importance du chantier.

La réunion, présidée par le Secrétaire Général, s'est tenue dans la salle des réunions du Ministère des Affaires Etrangères et de l'Intégration Africaine, en présence de M. Djoret Labou, alors Conseiller du Ministre en charge des Finances. La majorité des principaux invités ont préféré se faire représenter par les Directeurs de services ou Chefs de Divisions, à l'exception de M. Ramadan Moussa, Directeur Général des Impôts en ce temps là, qui a participé personnellement et de bout à bout à cette réunion de sensibilisation.

Apparemment, la reforme n'est pas perçue comme une priorité par les Secrétaires et autres Directeurs Généraux retenus par l'étude pour être responsables au premier rang de la mise en œuvre quotidienne des activités techniques prévues dans le cadre de la réforme.

La faible participation des principaux acteurs pressentis est signe, que la reforme se heurtera à une résistance et si à cela s'ajoute l'instabilité légendaire et endémique aux postes de responsabilité au Ministère des Finances, l'internalisation et l'appropriation de la réforme ne se feront pas facilement.

C'est donc dans un environnement quasi hostile et une collaboration difficile teintée de mépris de la part de certains responsables de services, que nous avons commencé le montage du projet de reforme des finances publiques.

Alors que nous venions à peine de commencer la compilation des informations collectées dans les différents services, le Décret n° 506/PR/PM/MCCGEM/2004 du 20 octobre 2004 nous nomme, Guilé Clabe, Ngarasdjim Mon-Aldongar et moi-même, aux postes de responsabilité au Ministère Chargé du Contrôle Général d'Etat et de la Moralisation qui vient d'être créé. Christophe est affecté à l'Inspection Générale des Finances comme contrôleur, si bien que de l'équipe initiale, il ne reste que Haltengar. Partagés entre les nouvelles fonctions et la poursuite de la mission, l'ardeur au travail n'est plus la même, aux risques de compromettre l'aboutissement du projet.

La mission résidente de la Banque Mondiale qui suit le dossier estime qu'il est inopportun de déstabiliser l'équipe et insiste auprès du Ministre pour son maintien. Le Ministre des Finances sollicite et obtient l'accord de son Collègue du Contrôle d'Etat pour nous maintenir à temps partiel sur le dossier.

Par Décision n° 177/MEF/CAB/04 du 09 Décembre 2004, il nous confirme membres provisoires du Secrétariat Technique Permanent auprès du Comité de Pilotage. La Décision précise que je suis Coordonnateur et c'est en ce moment qu'un Directeur Général du Ministère, dont je tais ici le nom, me dit un jour au Cabinet du Ministre : « *vous prétendez procéder à la réforme de la gestion des finances publiques au Tchad ? Je vous souhaite bien de plaisir mais je sais que vous perdez votre temps* »

II l'embryon devenu fœtus

Pour rappel, le seul moyen de travail dont nous disposions était la petite salle de la Cellule Informatique, équipée d'une table et de quatre chaises servant de bureau à nous cinq. Chacun utilisait son vieil ordinateur portable hérité de son service d'origine, et nous travaillions pratiquement sous la supervision de l'équipe MFM chaque fois qu'elle arrive à N'Djaména.

Malgré la Décision du Ministre, mon équipe n'a plus la même ardeur au travail en raison de l'indisponibilité partielle de certains membres qui ont d'autres obligations. Mais heureusement, nous sommes à la phase de traitement qui nécessite plutôt la mobilisation d'un opérateur de saisie d'informations et en tant que Coordonnateur, je dois superviser ce travail.

Pour ce faire, j'ai demandé et obtenu, du Secrétaire Général, un ordinateur de bureau récupéré dans un service, ainsi que la mise à disposition temporaire d'une opératrice de saisie en la personne de Mme Ramadan Marie Yanlom, Assistante de Direction à la Direction Générale du Budget.

Marie Yanlom est rapidement débordée par le volume de travail et je propose au Secrétaire Général du ministère des Finances, Président du Comité de Pilotage, de mobiliser un informaticien de niveau plus élevé pour cette phase des travaux.

Le Président hésite mais la Banque Mondiale accepte ma proposition et suite à une consultation restreinte, M. Tatolnan Mbaïtabe, technicien supérieur en informatique, est retenu pour appuyer l'équipe.

La Banque Mondiale nous accorde sur ses fonds fiduciaires une modique somme d'argent qui servira d'une part, à la rémunération de l'informaticien durant la courte période, à l'achat du papier et autres consommables nécessaires à l'impression, la multiplication des documents et, d'autre part, à la collation de l'équipe pendant un mois. Au bout d'un mois, nous devrions organiser un atelier de validation technique pour recueillir les avis des services sur le document, ce qui contraint l'équipe à un rythme effréné de travail.

L'étroitesse de notre local, la précarité de ses équipements mais surtout l'horaire de travail de l'équipe de la Cellule Informatique qui nous oblige à quitter les lieux à 15 heures 30 mn en même temps qu'elle pour des raisons de sécurité des installations informatiques, ne nous permettent pas d'avancer comme il se doit pour tenir le délai.

Très souvent, sinon régulièrement, nous squattions la salle des réunions du Ministère des Finances et du Budget, si par hasard elle est libre, pour avancer dans les travaux à des heures parfois indues. Il n'est pas rare non plus que l'on nous évacue de la salle des réunions du Ministère à cause de certaines séances de travail des services qui se tiennent dans les après midis.

En clair, c'est sans domicile fixe et donc contrainte au nomadisme que l'équipe poursuivra son travail pour finaliser, comme prévu, la mouture provisoire du document qui est remis au Secrétaire Général du Ministère des Finances et de l'Economie.

Grâce au petit appui financier que nous avons reçu de la Banque Mondiale, le Secrétaire Général organise au Centre d'Etude et de Formation pour le Développement (CEFOD), un atelier pour examiner et finaliser le document au niveau technique.

Outre les responsables des services de l'Etat, les partenaires techniques et financiers à savoir les représentants de la Banque Mondiale, de la Délégation de l'Union Européenne, de la Coopération Française, du Programme des Nations Unies et du Fonds Monétaire International, sont conviés et venus participer à cet Atelier.

A l'occasion, j'ai présenté à l'attention de l'assistance le document sur lequel les échanges ont eu lieu. Ensuite, par groupes thématiques supervisés par les représentants des partenaires, les participants ont amendé le document que je récupère pour y intégrer les corrections et sortir une version chiffrée.

A ce stade, le document doit être présenté sous une forme beaucoup plus élaborée à soumettre au Gouvernement pour approbation et aux partenaires pour solliciter leur éventuelle adhésion. Marie Françoise Marie Nelly fait venir, sur financement de la Banque Mondiale, un certain Jean Claude Courau, spécialiste en organisation, de nationalité française et maitrisant parfaitement l'outil informatique, pour aider l'équipe à finaliser le document.

Jean Claude s'intègre socialement sans peine dans notre milieu, abandonnant quasiment ses habitudes d'occidental. Il accepte de partager nos repas sans se soucier de leur qualité et s'est mis à travailler avec nous à des heures indues.

Après quatre mois, le document est bouclé et je le présente en mai 2005 au Comité de Pilotage provisoire composé des Directeurs Généraux du Ministère pour approbation et dénomination exacte de la structure chargée de la réforme.

Suite aux échanges sur le fond et la forme, le Comité de Pilotage retient comme désignation le « *Plan d'Actions pour la Modernisation de la Gestion des Finances Publiques (PAMFIP)* »

Je fais intégrer plus tard les observations et le document définitif au niveau technique est approuvé, avec un coût estimé à vingt milliards **(20 000 000 000)** de FCFA sur une période de cinq ans. Je prépare la note de présentation du projet à l'attention du Haut Comité Interministériel **(HCI)** et remets le dossier au Secrétaire Général. Celui-ci le soumet, suivant la procédure, à l'examen du Comité Technique Interministériel de la Cellule Economique présidée par le Secrétaire Général Adjoint de la Présidence de la République.

Après examen, le Comité technique Interministériel a adopté, sans modification majeure, le Plan d'Action et marque son accord pour la transmission du document au **HCI** pour approbation définitive.

Nous sommes en juin 2005 et le dossier n'est toujours pas présenté au Haut Comité Interministériel, mais les partenaires tels que la Banque mondiale et l'Union Européenne manifestent déjà leur intention de financer le projet s'il est approuvé par le Gouvernement.

Devant l'hésitation des Autorités à faire évoluer et approuver le programme, les partenaires reviennent à la charge et rappellent à chaque rencontre la nécessité d'accélérer le processus pour tenir compte de leurs programmations, sinon le Tchad perdrait le financement.

Lors d'une séance de travail avec le Ministre des Finances, à laquelle j'ai eu le privilège de participer, le Représentant Résident de la Banque Mondiale au Tchad, à l'époque M. Tchani, de la RDC, fait savoir que son Institution est prête à mobiliser les fonds pour la préparation du projet (PPF), à condition que certains préalables soient remplis.

Il s'agit de :

- L'adoption formelle du Plan d'Actions par le Gouvernement ;

- La nomination d'un Coordonnateur par un texte de portée supérieure à un Arrêté ;

- La signature, par deux Ministres, Finances/Plan, de la note de Stratégie de mise en œuvre du projet.

Le Ministre des Finances et du Budget décide, à la deuxième quinzaine du mois de juillet 2005, de soumettre le projet à l'attention du **HCI.** M. Hissene Mouaroh, Coordonnateur Adjoint de la Cellule Economique, membre du Comité de Pilotage assurant le Secrétariat du HCI, a présenté le dossier.

Le HCI approuve en l'état le document, et autorise le Ministre des Finances à continuer le processus administratif pour la mise en œuvre du projet. Le 12 septembre 2005, M. Mahamat Ali Hassan, Ministre du Plan et de la Coopération de l'époque, signe le protocole d'Accord du PPF.

Le Ministre en charge des Finances me demande de continuer, en tant que coordonnateur intérimaire, à m'occuper du dossier. Il confirme son instruction par Arrêté n°228/MF/SG/05 du 20 octobre 2005 me nommant une seconde fois Coordonnateur par intérim du Secrétariat Technique Permanent **(STP).**

Parallèlement à mon rôle de Conseiller du Ministre en Charge du Contrôle Général d'Etat et de la Moralisation, j'assumais la fonction de Coordonnateur. C'est ainsi que j'ai demandé au Ministre qui m'autorise, par décision N° 158/MF/SG/DAAFM/05 du 27 Décembre 2005, l'utilisation du local et des équipements usagés du Projet Gestion de l'Economie à l'ère Pétrolière **(GEP)** qui vient d'être clôturé en juin 2005.

Installé dans ce local avec l'équipe réduite à Haltengar, Tatolnan et moi-même, je commence, début 2006, la rédaction de la note de stratégie de la mise en œuvre du projet que je soumets à Messieurs Mamadou Deme de la Banque Mondiale et Charles Coste de l'Union Européenne pour amendement.

L'Union Européenne va recruter sur contrat cadre et mettre à ma disposition, Jean Claude Courau dont le contrat sur financement de la Banque Mondiale n'est plus renouvelé. Jean Claude m'assistera pour la rédaction des TDR des consultants à recruter et des études à mener dès la signature et la mise en vigueur des financements des partenaires.

III. Accouchement douloureux

Dans le respect de la procédure et de ses attributions, la Cellule Economique rédige le compte rendu de la séance d'approbation du projet par le **HCI** et me remet une copie. Sur la base de ce compte rendu et dans l'esprit de la note de Stratégie de mise en œuvre du projet, je prépare le projet de Décret portant création des organes de gestion du Plan d'Action pour la Modernisation de la Gestion des Finances Publiques (PAMFIP).

Il s'agit du Comité de Pilotage, organe de décision qui rend compte au Haut Comité Interministériel, instance suprême de décision, et du Secrétariat Technique Permanent qui est la structure opérationnelle chargée de coordonner et de superviser les activités quotidiennes de réforme.

En conformité avec la note de Stratégie, le Comité de Pilotage doit comprendre les principaux intervenants dans la gestion et le contrôle des Finances publiques, ainsi que les organes impliqués dans les reformes économiques. Le

STP, quant à lui, doit être composé de quatre cadres professionnels et être dirigé par un haut fonctionnaire ayant rang et prérogatives d'un Directeur Général.

Le projet de décret suggère l'ancrage administratif des organes au Cabinet du Ministre pour tenir compte du caractère transversal des activités de réforme à mener, mais surtout de la responsabilité du Coordonnateur du STP qui doit interagir avec le Ministre. Le texte est soumis à l'examen du Comité de Pilotage provisoire qui le rejette au motif que le rang proposé pour le Coordonnateur est trop élevé et que tous les services doivent être rattachés au Secrétariat Général, seul habilité à rendre compte au Ministre.

Sur instructions du Comité de Pilotage, je reprends le projet et le lui soumets en deuxième lecture, en tenant soigneusement compte de ses observations. Le Comité de Pilotage approuve le texte et le soumet au Ministre des Finances et du Budget en août 2005. Le Ministre objecte pour le rang du Coordonnateur et je corrige le texte en remettant la proposition initiale puis le projet est introduit dans le circuit, à savoir au Secrétariat Général du Gouvernement, à la Primature puis à l'approbation du Chef de l'Etat.

S'agissant du projet de Décret portant création, organisation et attributions des organes chargés de la mise en œuvre du PAMFIP, il ne sera signé que le 23 août 2006, soit un an après l'adoption du projet par le HCI et porte le numéro 784/PR/PM/MF/06.

Les organes compétents ainsi créés, il faut que soit nommé, dans l'esprit de la note de stratégie, un Coordonnateur investi des pouvoirs pour conduire la réforme. Cette nomination relève de la discrétion des autorités, et je suis mal placé pour rappeler au Ministre des Finances la nécessité et l'urgence de nommer un

Coordonnateur titulaire. Je continue donc à assurer l'intérim pendant que des rumeurs persistantes circulent s'agissant de la proposition des cadres au poste de Coordonnateur et que la Banque Mondiale aurait chaque fois objecté.

Le 17 novembre 2006, par Décret n° 1041/PR/PM/MFEP/06, treize (13) cadres sont nommés aux différents postes de responsabilité au Ministère des Finances, de l'Economie et du Plan. Je fais partie des promus au poste de Coordonnateur du Secrétariat Technique Permanent du PAMFIP et mon acte de nomination est transmis aux différents partenaires qui vont réagir chacun à sa manière.

L'Union Européenne met à la disposition du Secrétariat Technique Permanent deux voitures de marque TERANO précédemment utilisées par les Assistants techniques dans le cadre de l'appui budgétaire ciblé, au Ministère de l'Education Nationale et au Ministère de la Santé Publique, qui vient d'être clos. Elle concrétise en même temps son intention de contribuer au financement du PAMFIP, en soumettant au Ministre en charge des Finances un projet de Convention de Financement d'un montant de cinq millions cent euros.

La Banque Mondiale, elle, notifie aux autorités nationales que le Fonds pour la Préparation du Projet (PPF), d'un montant de neuf cent cinquante mille dollars, signé le 12 septembre 2005, est disponible et qu'il pourra être utilisé si un Responsable de passation des Marchés et un Comptable maitrisant ses procédures sont recrutés en attendant la négociation et la signature de l'accord de don.

Avec l'appui de Jean Claude Courau, je rédige les Termes de références des quatre cadres professionnels à mobiliser au niveau du Ministère et des deux fiduciaires à recruter. Les TDR sont soumis au Comité de Pilotage qui les approuve et une note circulaire du Secrétaire Général, envoyée dans tous les services, invite les cadres du Ministère à faire parvenir, dans un délai d'un mois, leurs candidatures aux postes de :

- Spécialiste en programmation de l'exécution ;

- Spécialiste en Ressources Humaines ;

- Spécialiste en organisation et gestion des finances publiques ;

- Spécialiste en Suivi-Evaluation.

En ce qui concerne les fiduciaires, une manifestation d'intérêt est publiée dans le système de la Banque Mondiale. Après un mois, seulement quatre candidatures de professionnels me sont parvenues et j'enregistre plus d'une trentaine de dossiers pour les postes de fiduciaires.

Les dossiers sont naturellement soumis au Comité de Pilotage, lequel crée en son sein un sous comité restreint de dépouillement pour examiner les dossiers des fiduciaires, mais reporte pour trois semaines l'examen des candidatures des professionnels pour espérer enregistrer d'autres dossiers.

Le sous Comité est présidé par M. Félicien Maïngar, Secrétaire Général du Ministère chargé du Contrôle Général d'Etat et de la Moralisation, Vice Président du Comité de Pilotage et comprend-le :

- Directeur général de l'Organe Chargé des Marchés Publics ;

- Coordonnateur de la Cellule Informatique ;

- Coordonnateur de la Cellule Economique ;

- Directeur des Affaires Financières du Ministère des Finances.

Après examen, le sous Comité présélectionne six dossiers pour les postes de fiduciaires mais trois semaines plus tard, aucune nouvelle demande n'est enregistrée en ce qui concerne les cadres du Ministère. C'est alors que le Comité de Pilotage, en sa séance du 05 octobre 2006, décida de retenir Thomas Kangue Bagdandi, Djimadoum NGarastam, Haltengar Traoudal et Japhet Doudou Beindjila qui se sont manifestés plus tôt.

Ils passent un entretien avec l'équipe de Maïngar qui obtiendra l'accord du Comité de Pilotage pour leur désignation aux postes et leur liste est transmise pour information à la Banque Mondiale en même temps que le procès verbal et la listes des six présélectionnés aux postes des deux fiduciaires, pour avis de non objection.

La Banque prend acte de la désignation des cadres et marque son accord pour le recrutement des fiduciaires, en l'occurrence Mahamat Seid Djimet au poste de responsable de passation des Marchés, et Moustapha Tanko au poste de Comptable.

En ce qui concerne les deux spécialistes à payer sur le PPF, j'échange sur le projet de leurs contrats de recrutement avec le responsable du projet à la Banque. Après l'avis favorable du responsable du projet sur les conditions, je signe le 06 décembre 2006, suivant les procédures de la Banque et conformément au manuel de procédures, les contrats.

Les exemplaires de ces contrats et les documents relatifs au compte spécial ouvert à la SGTB pour recevoir le fonds de préparation du projet (PPF) sont envoyés à la Banque Mondiale qui accepte de mettre à disposition, dès janvier 2007, la tranche des ressources nécessaires pour commencer les travaux.

Pour les cadres, un projet d'Arrêté portant leur mise à disposition au STP est soumis au Ministre qui le signe le 12 décembre 2006 sous le n° 508/PR/PM/MFEP/SG/STP/06. N'ayant pas une Assistante de Direction, je propose au Comité de Pilotage de maintenir l'Informaticien Tatolnan Mbaïtabe pour jouer momentanément ce rôle.

Le Comité de Pilotage accepte et je signe un contrat d'engagement annuel renouvelable avec lui. Sa serviabilité et son honnêteté m'ont amené à l'intégrer de manière permanente dans le groupe au poste d'informaticien, malgré la farouche volonté d'un membre influent du Comité de Pilotage de le limoger pour le remplacer par un de ses proches.

A ce stade, l'équipe du Secrétariat Technique Permanent est quasi complète et capable de mener les activités comme l'exigent nos termes de références. Entre temps, les échanges se poursuivent, d'une part avec la Banque Mondiale pour les préliminaires à la négociation de l'Accord de don et, d'autre part, avec l'Union Européenne pour s'accorder sur les conditions de son appui.

En avril 2007, le Ministre en charge des Finances, à la tête d'une délégation de huit (08) personnes dont je fais partie, se rend à Washington aux Etats Unis pour les Assemblées annuelles du FMI et de la Banque Mondiale. En marge des réunions statutaires, la délégation met à profit son séjour pour négocier avec la Banque Mondiale l'accord de don pour le financement du PAMFIP.

Les deux parties sont tombées d'accord sur les conditions d'intervention de la Banque et M. Ousmane Matar Breme, à l'époque Ministre en charge de l'Economie et du Plan, signe avec les représentants de la Banque Mondiale le procès verbal de négociation.

De retour à N'Djaména, il est question de rassembler les prérequis exigés par la Banque pour la signature de l'Accord et l'entrée en vigueur du Don. Il s'agit, entre autres de :

- L'arrêté du Ministre des Finances désignant l'Inspection Générale des Finances comme auditeur interne des fonds gérés dans le cadre du projet ;

- L'arrêté du Ministre des Finances désignant deux agents de la DAFM homologues aux fiduciaires; un pour le spécialiste en passation des marchés et l'autre pour la Comptabilité ;

- L'identité et les spécimen de visas et signatures des personnes habilitées à mouvementer les comptes du projet ;

- Le numéro de compte ouvert dans une banque de la place, après avis de la Banque Mondiale etc.

J'ai réuni et transmis tous ces documents à la mission résidente de la Banque Mondiale dès le mois de mai 2007. Le 24 juin 2007, le Conseil d'Administration de la Banque Mondiale approuve l'accord de Don d'un montant de dix millions **(10 000 000)** de dollars US, à utiliser sur cinq ans mais ce n'est que le 22 décembre de la même année que cet Accord sera signé à N'Djaména.

En ce qui concerne l'appui de l'Union Européenne, les négociations avancent aussi bien et aboutissent, le 12 mai 2007, à la signature de la convention n° 9657/CD accordant une contribution de cinq millions cent mille **(5 100 000)** euros au financement du PAMFIP sous forme de Don à utiliser sur trois ans.

La Cellule Appui Conseil Technique et Institutionnel à l'Ordonnateur National (ACTION) m'aide à bâtir le Devis programme de lancement d'un montant de cent millions

(100 000 000) de FCFA approuvé par le Ministre en charge du Plan et endossé en décembre 2007 par l'Ambassadeur Chef de Délégation de l'Union Européenne

Pour l'utilisation de ces ressources, l'Union Européenne exige, comme la Banque Mondiale, le recrutement sur contrat de deux fiduciaires rompus dans ses procédures. Je réussis à convaincre la Cellule Action, qui dissuade à son tour la délégation sur la duplication des spécialistes en passation de marchés, dans la mesure où ce sont quasiment les mêmes procédures qui sont suivies. Par contre, nous convenons du recrutement d'un Comptable tel que voulu par le partenaire. J'en profite pour solliciter et obtenir l'embauche d'une Assistante de Direction et d'un Chauffeur qui seront payés sur Devis programme.

Les manifestations d'intêret sont publiées pour les recrutements du Comptable et de l'Assistante de Direction. Les dossiers de candidatures sont adressés et reçus à la Cellule (ACTION) avec qui nous avons procédé à la sélection des candidats. Elle obtient la non objection de la Délégation pour recruter, au compte du PAMFIP, M. Kélos Alnodji au poste de Comptable et Mme Albertine Lardjim comme Assistante de Direction. En ce qui concerne le chauffeur, la délégation accepte que je signe un contrat d'embauche sur son financement avec Djimramadji NGaralbe qui était en poste. Ce dernier commettra une faute professionnelle en 2010 et sera remplacè par M. Philippe Djimasta, toujours avec l'accord de la Délégation de l'Union Européenne.

IV. Procedures à suivre en matière de passation de marchés publics

Les procédures à suivre sont celles qu'imposent les textes légaux en vigueur au Tchad et celles édictées dans les documents contractuels ou réglementaires. Il s'agit entre autres :

- Du Code des marchés publics ;
- De la Conventions ou protocole d'accord de Dons respectifs ;
- Du Décret portant création et attributions du PAMFIP ;
- Du Décret Portant nomination du Coordonnateur ;
- De la Note de stratégie de la mise en œuvre du PAMFIP ;
- Des Termes de références respectifs des cadres en service au PAMFIP ;
- Du Manuel de procédures ;
- Du Devis programme etc.

Ainsi, suivant la procédure convenue, j'élabore, en concertation avec tous les services parties prenantes à la réforme, un plan d'activités prioritaires et un plan de passation des marchés.

Le plan d'activités prioritaires est la programmation des tâches à mener au cours d'une année, élaborée sous contrainte budgétaire, alors que le plan de passation des marchés est la déclinaison des procédures suivant lesquelles les commandes seront passées, soit par consultation restreinte ou par entente directe, soit par appel d'offre ouvert en fonction du montant. Les deux documents sont soumis à l'examen et approbation du Comité de Pilotage qui m'autorise à dérouler les activités pour le compte des services.

Les ressources de l'Etat prévues pour financer les activités dans le cadre de la réforme sont inscrites au budget de chaque structure bénéficiaire ; celles des partenaires sont consignées dans les documents convenus avec eux mais pour un meilleur suivi, le plan d'activité prioritaire consolide par services et par sources de financement les tâches à mener. L'utilisation de toutes ces ressources doit obéir, d'une part aux dispositions du code de marché public en vigueur et, d'autre part, aux procédures du bailleur.

Le Decret n°2420/PR/PM/05 du 17 décembre 2005 fixant le seuil de passation, de contrôle et d'approbation des marchés dispose en son article 08 que toute commande publique pour un montant égal ou supérieur à dix millions **(10 000 000)** de FCFA doit faire l'objet d'un appel d'offre ouvert.

Cette disposition est également applicable pour le financement de la Banque Mondiale pour lequel il faut en plus obtenir sa non objection. En ce qui concerne le financement de l'Union Européenne, le circuit ne passe pas par les structures de visa des dépenses de l'Etat ; seuls l'avis de l'Ordonnateur National et la non objection de la Délégation suffisent.

Et par souci de transparence et de garantie dans le traitement des dossiers, le législateur a prévu l'intervention de la Commission d'Ouverture et de Jugement des Offres (COJO) composée des représentants des services dans le circuit de dépouillement de marché de manière à préserver les intérets de toutes les parties.

En ce qui concerne le projet, le service bénéficiaire de crédit budgétaire doit exprimer et me transmettre ses besoins. Je fais traiter le dossier par le chargé des acquisitions assisté de son homologue de la Direction des Affaires Administratives et Financières désigné par Arrêté n° 287/MFI/SG/07 du 16 aot 2007 du Ministre des Finances et du Budget et je publie les avis d'appel d'offre.

Les soumissionnaires me déposent leurs dossiers que je transmets à la Commission d'ouverture et de Jugement des offres (COJO) présidée par le Secrétaire Général du Ministère des Finances. C'est seulement lorsque la COJO retient une offre que le projet de marché ou de contrat est préparé sous ma responsabilité par les fiduciaires. Je le signe et le mets dans le circuit d'approbation, en commençant par l'Organe de Contrôle de Marchés Publics (OCMP), la Commission Fiscale, le Contrôle Financier et enfin l'approbation par le Ministre des Finances et du Budget. Si le montant du marché est égal ou supérieur à cinquante millions (50 000 000) FCFA, l'approbation est faite par le Chef de de l'Etat.

S'agissant particulièrement des contrats de travail permanent d'une année ou plus, ce sont les dispositions du manuel de procédures approuvées par l'Etat et la Banque Mondiale qui s'appliquent et m'autoriseent à signer le contrat après l'avis de non objection de la Banque

La mise en œuvre des contrats signés incombe au responsable du service bénéficiaire. Moi, j'ai l'obligation de coordonner et de suivre les activités pour informer régulièrement le Comité de Pilotage et le Ministre des Finances et du Budget. Celui-ci a, en outre désigné l'Inspecteur Général des Finances par Arrêté n° 036/PR/PM/MFI/IGF du 20 mars 2007 comme auditeur interne du PAMFIP.

La gestion des ressources financières est assurée par moi-même et le Directeur des Affaires Administratives et Financières, qui signons les chèques après vérification conjointe par le Comptable assisté du Chef de Division Financière à la DAFM désigné par Arrêté n° 090/MFI/SG/DRH/07 du 30 mars 2007.

V. L'etat d'avancement

Le tatonnement inhérent à un nouvel exercice et des difficultés diverses n'ont permis le démarrage effectif du PAMFIP qu'à partir de 2007. Pour cet exercice, le Plan d'activités prioritaie est bati et sous tendu par un budget global d'un montant d'un milliard- trois-cent-soixante-seize millions **(1 376 000 000)** de CFA. Ce budget comprend les ressources de l'Etat pour un milliard-quatre-vingt-dix millions **(1 090 000 000)** de Fcfa et deux-cent-quatre-vingt-six millions **(286.000.000)** FCFA de l'appui financier de la Banque Mondiale sur le PPF.

En raison de multiples évènements politico militaires qui se sont succédé, l'environnement de travail des services du pays s'est considérablement dégragé et le nombre des jeunes sans qualification a augmenté dans les régies. Dans ces circonstances, dès 2007, les actions de réforme ont concerné prioritairement la réhabilitation de cet environnement, la formation des agents et l'organisation des services. Dans cette logique, les capacités des services ont été renforcées par des équipements en matériels informatiques, des moyens roulants, des formations et autres voyages d'échanges d'expériences.

Des reformes structurelles et procédurales ont également été entrprises et poursuivies. Ainsi, le circuit de la dépense obstacle majeur à la bonne absorption des crédits budgétaires par les services de l'Etat, a fait l'objet d'une étude. Suite aux récommandations de l'étude, les services, notamment la Direction Générale du Budget, le Contrôle Financier, la Direction Générale de l'Ordonnancement et la Direction des Affaires Financières et du Matériel ont été réorganisés et les contrôles redondants supprimés.

En matière de préparation budgétaire, le calendrier d'élaboration et d'adoption du budget est respecté ; le Cadre de Dépenses à Moyen Terme 2008-2011 est élaboré et plusieurs Budgets de programme test élaborés par les sectoriels.

In fine, la part des ressources budgétaires allouées au secteur de réduction de la pauvreté par rapport au budget global a augmenté, de même que le taux d'absorption des crédits selon les sources des Directions générales du Budget, du Trésor et du Contrôle Financier.

Il n'est pas superflu de rappeler que le cadre juridique de la gouvernance financière est la Loi organique relative aux lois de finances. Celle en vigueur au Tchad date du 11 mai 1962 et ne répond plus aux éxigences de la gestion moderne des finances publiques qui se veut transparente, faite avec des nouveaux outils et soumise aux conditions de convergence acceptées par les organisations communautaires sous régionales.

Le signal pour se conformer au cadre harmonisé de gestion des finances publiques en ce qui concerne les six Etats de l'Afrique Centrale est donné par la Communauté Economique et Monétaire de l'Afrique Centrale (CEMAC) qui a adopté les six Directives relatives :

- Au code de transparence et de Bonne Gouvernance dans la Gestion des Finances publiques ;
- Aux lois de Finances ;
- Au Règlement Général de la Comptabilites publique ;
- Au plan comptable de l'Etat ;
- A la Nomenclature du Budget del'Etat ;
- Au Tableau des Opérations Financières de l'Etat.

Il est fait obligation aux Etats membres de la CEMAC de se conformer à ces Directives au plus tard fin décembre 2013, mais aucun Etat n'a pu tenir le delai en raison de lourdeurs administratives, voire des riticences internes. Le delai initial a dû être prorogé à fin 2015 mais avant la fin du delai de grâce, le Tchad a réussi à transposer l'ensemble des directives dans les textes nationaux suivant les procédures prescrites par la CEMAC.

Un autre chantier non moins important est l'informatisation des services en vue d'un traitement rapide et transparent des dossiers. Pour ce faire, le Cabinet Tunisien SIMAC a été retenu à l'effet de définir le schéma directeur informatique du Ministère. Avant le démarrage de l'étude, la Banque Mondiale a convaincu le Ministre des Finances de la necessité de recruter à son Cabinet un Conseiller en informatique, ce qui fut fait selon les procédures requises en la matière.

SIMAC a mené l'étude et a déposé son rapport ; en plus, le Tchad a signé avec le Burkina Faso deux protocoles d'accord portant transfert des logiciels complets du circuit informatisé de la dépense (CID) et du système intègré de gestion administrative et salariale du personnel de l'Etat (SIGASPE).

Conformément aux recommandations du Cabinet SIMAC et aux termes des protocoles d'Accord, les travaux ci-après vont être réalisés dans le cadre du projet. Il s'agit de :

- La transformation de la Cellule informatique du Ministire en Centre Informatique ;

- Le recrutement de six Informaticiens de haut niveau ;

- La réécriture complète du Circuit informatisé de la dépense et la mise en réseau de la Présidence de la République et de sept (07) ministères avec le CID au Ministère des Finances et du Budget ;

- Le traitement des salaires et des dossiers administratifs des agents de l'Etat sur le logiciel SIGASPE ayant permis de dégager une économie mensuelle d'un milliard de FCFA sur la masse salariale ;

- L'utilisation du logiciel Système Douanier intégrè (SYDONIA) pour les transactions en vue d'une meilleure maitrise des statistiques du commerce extérieur ;

- La mise en réseau des services du Ministère des Finances et du Budget et l'interfaçage entre le CID, le SIGASPE et les logiciels Système de télécompensation en Afrique Centrale (SYSTAC) et le Système de Gros Montants Automatisés (SYGMA) mis en place par la Banque des Etats l'Afrique Centrale pour être utilisés par le Trésor ;

- L'utilisation d'une application informatique dénommée « Application pour le suivi des dossiers à viser (ASDAV) permettant aux responsables des services et aux usagers de savoir en temps réel où se trouvent les dossiers sans contact physique avec les agents ;

- L'installation du logiciel Système de Gestion d'impôts et taxes pour un meilleur suivi des contribuables, etc.

Pour permettre au Ministre des Finances et du Budget de suivre l'évolution des actions de réforme et rendre compte à la Haute Hiérarchie, un tableau de bord de suivi trimestriel des indicateurs de performance est élaboré à son attention, précisant les réalisations de fin du trimestre et fixant les objectifs du trimestre suivant.

Ce document est non seulement soumis à l'appréciation du Gouvernement, mais systématiquement partagé avec les partenaires qui contribuent au financement des actions de la réforme.

Afin de mutualiser les pratiques de la réforme des finances publiques, AFRITAC Centre, ATI et CABRI m'ont accepté comme membre de leur organe de décision respectif et de l'équipe technique en charge de la reflexion portant sur la modernisation de la gestion des Finances publiques.

AFRITAC est un dispositif d'appui de proximité, créé par zone géographique par le Fonds Monétaire International et les pays Africains membres. Trois Centres sont ouverts en Afrique au sud du Sahara, à savoir AFRITAC Ouest installé en Côte d'Ivoire, AFRITAC Est basé à Naïrobi au Kenya et AFRITAC Centre avec siège à Libreville au Gabon. IL a pour mission d'assister les pays membres en renforçant leurs capacités dans les domaines des finances publiques.

L'Institut de Formation pour l'Afrique (IFA), en anglais ATI, est un Centre ouvert à Ile Maurice par le FMI pour assurer la formation continue dans le domaine des Finances publiques au profit des ressortissants des Etats membres servis par les Centres régionaux d'assistance technique (AFRITAC Centre, Est et Ouest).

L'Initiative Concertée Africaine sur la Réforme Budgétaire (CABRI) quant à elle est une organisation non gouvernementale qui s'occupe du renforcement des pratiques et procédures budgétaires en Afrique. Elle comprend 26 pays membres sans le Tchad qui n'a pas encore adhéré, mais je participe aux travaux comme observateur. Son siège est à Prétoria en Afrique du Sud.

De manière pratique, les actions muries et bouclées dans le cadre du projet sont consacrées par actes officiels, à charge pour les services responsables de les mettre en œuvre. A titre d'illustration :

Les arrêtés n° 031/MFB/SE/SG/STP-P/2008 à 034/MFB/SE/SG/STP-P/2008 portant simplification du circuit de la dépense publique ;

- l'Arrêté n°093/PR/PM/MFB/SE/SG/STP-P du 24 mai 2014, fixant le délai de traitement des dossiers qui astreint chaque acteur intervenant dans le circuit de la dépense au respect d'un délai maximal en jours ouvrables pour les tâches qui lui incombent ;

- une nomenclature de pièces justificatives des dépenses publiques est publiée par Arrêté ;

- le Centre Informatique est créé par Arrêté n° 254:MFB/SE/SG/STP-P/2012 du 2 octobre 2012 ;

- les Directives du Cadre harmonisé de la Gestion des Finances Publiques sont promulguées par lois.

DEUXIEME PARTIE :

Les difficultés rencontrées

Les réalisations citées ici en guise d'exemple ne constituent pas une liste exhaustive de l'état d'avancement du PAMFIP après plus de sept ans de mise en œuvre. Elles seraient plus importantes si les difficultés diverses ne sont pas intervenues pour retarder, voire compromettre la réalisation de certaines activités prévues. Ces difficultés, d'ailleurs nombreuses, varient selon qu'il s'agit du financement de l'Etat ou des partenaires.

VI. Financement de l'Etat

Lorsqu'un partenaire appuie l'Etat pour batir un projet ou un programme, le commun des mortels et même certains responsables haut placés dans l'administration pensent que le projet appartient au bailleur contributeur et que le national n'a rien à y voir. C'est une perception inexacte du partenariat qui n'aide pas à internaliser les bonnes pratiques souvent édictées par les textes nationaux que le partenaire technique et financier ne demande qu'à respecter. Le PAMFIP est la parfaite illustration de ce type de partenariat.

Le but du PAMFIP est d'imprimer des pratiques et procédures budgétaires saines, transparentes et responsables qui permettent à l'Etat de combattre le spectre de la pauvreté. L'élaboration du programme a été participative, avec des ateliers de validation, et sa mise en œuvre est faite dans un partage de rôles tel que prévu dans la note de stratégie de mise en œuvre, de manière à faciliter une internalisation. Mais la pratique est tout autre chose.

L'utilisation des ressources pour financer les activités prévues est soumise aux procédures décrites dans le paragraphe antérieur. Les plans d'activités prioritaires et de passation des marchés ayant requis l'accord du Comité de Pilotage composé de tous les responsables techniques du processus d'élaboration et d'exécution du budget, il n'y a plus de raison qu'un contrat ou marché bien monté puisse connaître un retard dans le circuit de visa et d'approbation.

En 2005 et 2006, dans l'attente de l'appui financier des partenaires, des ressources propres ont été prévues au budget de l'Etat pour démarrer les activités programmées et approuvées par le Comité de Pilotage. Pendant ces deux années successives, les ressources prévues pour être utilisées suivant les procédures décrites ne seront pas consommées, semble-t-il, à cause des malentendus, selon le Comité de Pilotage provisoire.

En 2007, par humilité, seuls les crédits prévus pour les formations vont être utilisés par les différents services bénéficiaires respectifs. Pour les autres activités, les responsables des services préfèrent les Bons de Commande Administrative ou les marchés négociés qui donnent souvent lieu à des surfacturations et la réticence persistera les années suivantes.

De leur entêtement à privilègier les vieilles méthodes pour des raisons évidentes et mon obstination à vouloir, en tant que Coordonnateur, suivre les procédures admises, les ressources de l'Etat ne seront pas consommées comme si les services n'ont pas de besoin. En réalité, certains responsables de services en faisaient à leur tête car l'administration tchadienne fonctionne sans sanction.

Les ressources budgetaires de l'Etat prévues qui seront intégralement consommées chaque fois suivant les procédures prescrites sont celles directement gérées par la Coordination. C'est le cas, entre autres, des ressources pour le transfert des logiciels Circuit Intégré des Dépenses (CID), Système Intégré de Gestion Administrative et Salariale des Agents de l'Etat (SIGASPE), objets des protocoles d'accord signés en octobre 2010 entre le Tchad et le Burkina FASO.

Dans le meilleur des cas, si un dossier d'appel d'offre ouvert venait à être monté, il mettra au minimum deux à trois mois pour quitter un service et à ce propos deux exemples les plus patents méritent d'être signalés. Le premier exemple est celui d'un marché d'acquisition de matériel informatique pour le Contrôle financier qui, contre toute attente, n'a pu être visé par le Contrôleur financier qu'après quatre mois.

Le deuxième cas est relatif au contrat pour le recrutement en 2010 d'un consultant de nationalité canadienne, qui est resté plus d'un mois à l'Office Chargé des Marchés Publics (OCMP) malgré les relances alors que le délai autorisé est de quinze jours. Excédé, j'ai dû demander une séance de travail avec le Directeur Général de l'OCMP pour faire le point sur les dossiers en souffrance dans ses services.

Le Consultant m'informera plus tard qu'un responsable en charge de son dossier à l'OCMP l'a contacté au Canada par téléphone pour réclamer un pourcentage sur son contrat avant de le faire évoluer. J'ai porté l'information à l'attention du Comité de Pilotage et cela a provoqué l'ire du Directeur Général de l'OCMP, lui-même membre du Comité.

Dans l'administration tchadienne, tout se passe comme si les textes légaux et réglementaires ne doivent s'appliquer qu'aux autres, sinon comment comprendre que les membres du Comité de Pilotage qui ont adopté les textes du projet réchignent à les appliqer.

Pour le cas du projet, non seulement les procédures n'arrangent pas les acteurs du circuit de la dépense qui se croient au dessus des textes et en font à leurs têtes, mais les nouveaux outils de gestion à installer semblent également géner certains responsables. Ainsi, l'Inspecteur Général des Finances de l'époque, désigné contrôleur interne, n'assurera jamais son rôle et pour faire les choses dans les normes, M. Nabia Kossi Manga sera recruté sur financement de la Banque Mondiale comme auditeur interne. Les fiduciaires travailleront sans leurs homologues désignés par le ministre des Finances car ne trouvant pas leur compte dans les pratiques en vigueur au PAMFIP, ils vont abandonner leur poste.

En mars 2014, une équipe Burkinabé de cinq experts en charge des transferts des logiciels CID et SIGASPE séjourne à Ndjaména à l'invitation du Ministre pour finaliser l'interface entre le circuit informatisé de la dépense (CID) du Ministère, le Système de Télécompensation en Afrique Centrale (SYSTAC) et le Système de Gros Montant Automatisé (SYGMA) mis en place par la Banque des Etats de l'Afrique Centrale pour être utilisé par le Trésor public.

Le Trésorier payeur général refusera l'accès de ses services aux experts pour faire le travail sous pretexte que leur présence dans les bureaux gène le fonctionnement des services de la Trésorerie. J'ai du interceder auprès du Ministre qui a rappelé à l'ordre le tout puissant TPG pour autoriser les experts, après prolongation de leur séjour, à accéder dans les services pour finaliser l'interfaçage. Au démarrage du système, le TPG était le premier à procéder à la démonstration de l'outil à la télévision.

VII. Financement IDA

Pour mener des activités préalables, entre autres, certaines études, en attendant l'entrée en vigueur du Don et le décaissement progressif du fonds du Projet d'Appui au Renforcement des Capacités de la Gestion des Finances Publiques (PARCAFIP), IDA a accordé, dès 2007, un Fonds pour la Préparation du Projet (PPF) après la réalisation des prérequis par l'Etat.

Il s'agit, pour le Gouvernement, de l'adoption formelle du Plan d'Actions, de la nomination d'un Coordonnateur par un texte de portée supérieure à un Arrêté, de la signature, par deux Ministres (Finances/Plan), de la note de Stratégie de mise en œuvre du projet et du recrutement des fiduciares.

A la différence des ressources budgétaires de l'Etat, l'appui financier de la Banque mondiale n'est pas inscrit au budget des composantes. Il est viré par tranches dans un compte spécial ouvert à la Société Générale Tchadienne des Banques (SGTB) suivant les conditions acceptées d'accord parties. Ce compte est mouvementé par le Directeur des Affaires Financières et du Matériel et moi-même conformément à la note de Stratégie de mise en œuvre du projet.

Les actions à financer sur l'appui financier font l'objet d'un plan d'activités prioritaires global approuvé par la Banque et le Comité de Pilotage et les contrats et marchés ne sont engagés qu'après l'avis de non objection de la Banque. Ces contrats concernent pour la plupart le recrutement des Consultants dont certains ont fini leurs prestations et d'autres sont encore sur le terrain.

Alors que l'Accord du Don vient juste d'être signé le 22 décembre 2007, les services de la Banque Mondiale ont cessé d'alimenter le Compte spécial aux motifs que le délai d'utilisation du PPF est expiré.

En réalité, la Banque Mondiale a suspendu, sans le notifier, son appui suite aux malentendus avec l'Etat sur la gestion des ressources pétrolières. Les ressources du Don n'étant pas encore disponibles, les engagements sur le PPF d'un montant de plus deux cent cinquante millions de FCFA ne peuvent pas être payés aux prestataires qui réclament leurs dus.

Il y a eu une période de flottement pendant cette suspension et j'ai dû solliciter, par une note explicative détaillée, l'accord du Ministre des Finances et du Budget pour que le Trésor public me débloque les ressources correspondant au montant des engagements non payés aux consultants et au paiement de salaire des fiduciaires jusqu'à la normalisation de la situation financière d'IDA.

En janvier 2008, la Banque Mondiale reprend ses activités au Tchad et en ce qui concerne le PARCAFIP, elle réexamine les prérequis de son appui, en l'occurrence les Arrêtés du Ministre des Finances désignant l'Inspection Générale des Finances comme auditeur interne, les deux agents de la DAFM homologues aux fiduciaires ; l'identité et les spécimen de visas et signatures des personnes habilitées à mouvementer les comptes du projet ; le numéro de compte ouvert dans une banque de la place, après avis de la Banque Mondiale, etc.

Toutes ces conditions étant réunies, je communique les preuves au responsable du projet à la Banque Mondiale et, en accord avec lui, je programme les activités à mener.

En février de cette année là, un affrontement armé éclate à N'Djaména et oblige le système des Nations

Unies à évacuer son personnel du Tchad pour des raisons sécuritaires.

Cette situation frappera de plein fouet les acitivités que nous avons prévues et elles seront purement et simplement gélées du côté de la Banque Mondiale. Convaincu que la situation n'était que provisoire j'ai pris le risque d'engager juridiquement les dépenses en faisant approuver l'essentiel des contrats en attendant l'entrée en vigueur qui aura lieu le 29 avril 2009, soit deux ans après la signature de l'accord alors que le financement est prévu pour prendre fin en décembre 2012.

Dès l'entrée en vigueur du Don, les activités gelées sont relancées et la Banque mondiale a accepté de rembourser le montant des prestations préfinancées sur le budget Etat en période du gel de son financement. Ce montant remboursé par la Banque Mondiale sera utilisé pour financer les activités éligibles au budget de l'Etat dans le cadre du projet.

En ce qui concerne des engagements nouveaux, de vrais faux problèmes sont évoqués par les services de visa pour rejeter les dossiers et donc retarder la consommation des ressources comme le cas du dossier de recrutement du Consultant Canadien exposé dans les difficultés provoquées par les acteurs du circuit des dépenses.

La crise de confiance suite à la violation par le Tchad de la loi portant gestion des revenus pétroliers, l'affrontement armé à N'Djaména entrainant le gel des activités de la Banque Mondiale, le retard d'entrée en vigueur du Don et les lourdeurs dans les circuits de visa et d'approbation des contrats et marchés ont contribué à ralentir le rythme d'utilisation des ressources IDA. Il y a même des cabinets et certains consultants individuels ayant commencé les prestations qui ont abandonné le chantier à cause de la guère civile. C'est le cas du Cabinet

Tunisien ST2I initialement retenu pour la Migration et la réécriture du CID sous Oracle 10 G et de M. SALL, Consultant Sénégalais en charge de l'étude pour la maitrise d'ouvrage public.

Les missions de supervision et de suivi du projet au cours de l'année 2011 relèveront que le PARCAFIP est classé parmi les projets à risque à cause du faible niveau de décaissement des ressources et de réalisation physique.

La revue du portefeuille IDA qui a eu lieu en 2012 confirmera le statut du PARCAFIP en tant que projet à risque mais reconnaitra que les responsabilités sont partagées en ce qui concerne le faible niveau de décaissement. A la suite de la revue, arrive une mission de supervision en mai 2012 pour faire le point avec nous sur l'état d'avancement du financement.

M. Gata NGoulou, Ministre des Finances et du Budget reçoit la mission conduite par M. Jean Claude Brou de nationalité ivoirienne, Représentant Résident de la Banque Mondiale au Tchad. A l'occasion, M. Brou présente au Ministre le nouveau responsable du projet à la Banque Mondiale, en la personne de M. Alexandre Arrobbio.

Après les civilités d'usage, le Représentant Résident expose l'objet de la mission mais fait surtout savoir au Ministre que la Banque clôturera son appui fin décembre 2012 si d'ici là le niveau de décaissements ne s'améliore pas. Avant d'intervenir, le Ministre me demande d'expliquer pourquoi on en est arrivé à ce point. J'ai alors exposé les raisons du ralentissement des décaissements en insistant sur le fait que l'essentiel des dossiers à financer sur l'appui de la Banque est déja traité au niveau de la Coordination.

Les deux parties reconnaissent que les responsabilités sont partagées mais s'accordent néanmoins à conclure que la Coordination doit tout faire pour rattrapper les choses. M. Alexandre Arrobbio propose qu'un plan d'urgence soit établi et le Ministre rassure ses interlocuteurs qu'il fera tout ce qui est en son pouvoir pour sauver le projet.

Le Représentant Résident m'apostrophe devant le Ministre en ces termes: "*M. le Coordonnateur, si d'ici décembre 2012, vous batissez et réussissez le plan d'urgence, vous serez félicité, sinon votre tête sera coupée*, entendez vous serez limogé".

Au regard du volume de travail à abattre et du bref délai imparti, le Ministre des Finances et du Budget a jugé nécessaire de m'adjoindre Grandocje, qui ne sejournera au PAMFIP que pendant une courte durée. Pendant son bref séjour, je lui ai demandé de faire approuver par le Ministre des Finances, comme l'exige la procédure, ses spécimens de visa et de signature à transmettre aux partenaires pour les opérations bancaires et la validation de nos documents admnistratifs. Grandocje a poliment refusé si bien que pendant son passage au projet, il n'a pas signé un seul document financier

En concertation avec les services de la Banque Mondiale, j'ai élaboré un plan d'urgence à exécuter pour le reste de l'année 2012. Ce plan a été validé par le Comité de Pilotage et je me suis attelé à le dérouler.

En novembre 2012, la mission de supervision est revenue pour examiner avec les autorités le niveau de progression des indicateurs du Plan d'Urgence. A la fin de son séjour, la mission fait un constat de satisfaction et convient avec les autorités tchadiennes de l'extension du projet au regard des efforts réalisés et de la dynamique enclenchée.

VIII. Financement de l'Union Europeenne

En dépit des affrontements armés qui ont sécoué NDjaména au début de l'année 2008, l'Union Européenne a maintenu son financement qui a permis l'acquisition de moyens roulants ainsi que des équipements informatiques pour les services, notamment du Trésor public, la réactivation du projet SYDONIA à la Douane et la rédefinition des rôles entre les organes de contôle (Contrôle d'Etat, Cour Supprême, Chambre des Comptes Contrôle Financier, Inspection Générale des Finances et Collège de Surveillance et de Contrôle des Revenus Pétroliers) afin d'éviter les redondances en prévision de la création de la Cour des Comptes en gestation.

Comme les contrats et marchés sur financement de l'Union Européenne ne sont pas soumis au contrôle des services classiques de l'Administration, ils sont traités entre les services de l'administration bénéficiaires, la Coordination du Projet, la Cellule ACTION et la Délégation de l'Union Européenne qui autorise ou refuse la dépense De cette manière, les tracasseries et lourdeurs des services publics sont évités mais en raison de la méconnaissance des procédures FED par les services bénéficiaires, certains délais de mise en œuvre d'appuis ont été rallongés et ont souvent donné lieu à des polémiques entre ces services, la Coordination et Cellule ACTION

Selon le principe et pratiques en vigueur, les véhicules achetés sur le Devis programme sont immatriculés en TT, plaque rouge, estampillés du logo Union Européenne et affectés aux Directeurs et Agents des services bénéficiaires. La police va chaque fois saisir ces engins pour défaut d'assurance et taxe de circulation que je finis par payer sur le DP pour épargner les Directeurs et autres agents des tracasseries policières.

En 2010, l'Ambassadeur, Chef de Délégation de l'Union Européenne au Tchad me demande verbalement de financer, sur le Devis programme (DP), le déplacement d'un Avocat pour une mission à Bruxelles où il doit participer à une rencontre sur le Droit de l'Homme. J'oppose un refus poli car le Barrot n'est pas éligible sur l'appui que je gère et le Chef de Délégation, qui connait parfaitement les procédures de son Institution, m'adresse une demande écrite ; une sorte d'injonction. J'ai dû obtempérer et financer le déplacement du bâtonnier en lui faisant savoir que les copies de son document de voyage ainsi que le rapport de mission doivent m'être communiqués pour preuve en cas d'audit. Le Cabinet Moore Stephen, auditeur des Devis Programme a naturellement considéré les frais de déplacement de l'Avocat ainsi que les frais d'assurance et taxes de circulation inéligibles. A part les inéligibles qui sont quasi inévitables dans le financement du FED, l'auditeur n'a relevé ni cas de corruption, ni de détournement et une appréciation globale sera donnée en janvier 2013 par le cabinet Linpico chargé de l'évaluation finale de l'appui financier de l'Union Européenne au PAMFIP.

A la page 19 du rapport de l'évaluateur, il est écrit : « *Compte tenu des circonstances de sortie de crise, le Secrétariat Technique Permanent a été correctement rattaché au Secrétariat Général du Ministère des Finances et du Budget. Il a assuré globalement une bonne coordination des appuis définis dans les 5 DP d'exécution du programme*".

Comme d'habitude l'Union Européenne a répertorié les dépenses inéligibles dans tous les projets qu'elle finance au Tchad et a demandé à l'Ordonnateur National, en l'occurrence le Ministre en charge du Plan de les rembourser.

Selon la procédure, l'Ordonnateur National saisit le Ministre des Finances de la requête de l'Union Européenne lui demandant de rembourser ces inéligibles qui se chiffrent à des centaines de millions de FCFA. Le Ministre des Finances et du Budget pique une colère, m'appelle à son bureau et me tend la lettre de son collègue du Plan en disant : « *Prenez cette correspondance et dites-moi de quoi il s'agit. Lorsque l'on vous confie un poste de responsabilité vous ne cherchez qu'à détourner* ».

Surpris par la réaction épidermique du Ministre mais serein, je lui dis : *M. le Ministre, vous pouvez être tranquille car je ne suis pas voleur et vous pouvez demander à n'importe quelle structure de contrôle de venir vérifier ma gestion.* Je suis sorti et j'ai rédigé une note pour expliquer au Ministre les inéligibles en ce qui concerne ma gestion.

Qui veut noyer son chien l'accuse de rage dit un adage. Selon certaines indiscrétions, le Ministre serait déterminé à me limoger malgré la note explicative mais il n'a pas pu réaliser son souhait pour des raisons que j'ignore. Finalement, il réussira, en avril 2013, à me planquer une Adjointe pour suivre et rendre compte de ce qui se passe à la Coordination du PAMFIP.

Est-ce parce que mon limogeage a été refusé à un certain niveau de la hiérarchie que mon Ministre me surnomme « Big Boss **»,** Dieu seul sait. Mais une chose est sûre, mon Adjointe était une taupe qui a fini par se dévoiler car elle me disait souvent : « *Le Ministre m'a demandé si tout se passe bien au PAMFIP et comment le vieux (c'est-à-dire moi) se comporte vis-à-vis de toi* ? »

IX. Financement de la Cooperation Française

La Coopération française, par le biais de son Service de la Coopération et d'Action Culturelle (SCAC), finançait directement des formations programmées dans le cadre de la réforme et mettait à disposition des Assistants Techniques, notamment à la Direction Générale des Impôts et à la Direction Générale du Trésor.

Pour les besoins de suivi et d'information de la hiérarchie, je collaborais avec le responsable du SCAC pour recueillir les données aux fins de compiler le rapport. Ne confectionnant ni contrat ni ne gérant directement les ressources, je n'ai pas rencontré de difficultés particulières à signaler, sauf un accrochage verbal avec un jeune français quelque peu irrevérencieux, Conseiller du Directeur Général des Impôts à l'époque.

En effet pour bâtir le plan d'activités prioritaires, une note circulaire signée du Ministre est adressée aux responsables des composantes pour nous faire parvenir les besoins et actions à programmer. Cette note lui a été cotée par le Directeur Général et, au lieu de répondre de façon polie et administrative, le jeune homme a biffé au bic rouge la correspondance et me l'a retournée pour signifier que le PAMFIP n'a rien à voir dans la formation que la Coopération Française finance.

Je suis allé au bureau du Directeur Général des Impôts muni de la copie biffée pour manifester ma désapprobation, en présence du Conseiller qui a fini par présenter ses excuses et l'incident est clos.

X. Financement PNUD

Le PNUD a accordé un mini financement de trente millions de FCFA, objet d'un protocole d'Accord signé avec le Directeur Général de la Douane. L'argent, dont la gestion doit être assurée par les services du PNUD mais suivie par le PAMFIP, est destiné à réhabiliter les locaux propres de la Direction Générale des Douanes pour y loger le projet SYDONIA.

La Douane ayant été expropriée de son local pour l'extension de la Présidence de la République, le PNUD a refusé de débloquer son appui et le financement est perdu pour le Tchad. Le serveur SYDONIA quant à lui sera installé plus tard dans le local de la Coopération Française rétrocédé à l'Etat, sis à côté du Lycée Félix Eboué. Les batiments réhabilités sur fonds propres de l'Etat finiront par abriter la Direction Générale des Douanes, après déguerpissement de puissants squatteurs.

XI. Bouffée d'oxygène

Généralement, le personnel exerçant dans les projets est soumis à un traitement salarial spécial. Bien que le Plan d'Action pour la Modernisation de la Gestion des Finances Publique soit un projet multibailleurs, aucun partenaire n'a signé un contrat de travail avec les cadres et moi-même qui gardons nos statuts de fonctionnaires. Ce sont seuls les fiduciaires et l'Assistante de Direction qui perçoivent des salaires payés sur les ressources de la Banque Mondiale et de l'Union Européenne.

En ce qui me concerne, je suis nommé par Decret avec rang et prerogatives d'un Directeur Général de service du Ministère et par conséquent j'ai droit aux indemnités de responsabilités fixées par le Décret n°026/PR/MEF/91 du 11 avril 1991 dont bénéficient d'ailleurs les collègues nommés dans le même texte que moi. Je suis personnellement allé revendiquer mon dû auprès du Directeur de la Solde qui, de manière arrogante, me fait savoir qu'il n'existe pas, dans l'organigramme du

Ministère des Finances et du Budget, un service appelé Secrétariat Technique Permanent.

En réalité, le Directeur de la Solde est l'un des réfractaires à la modernisation de la gestion des finances de l'Etat parce qu'elle va gêner ses intérêts. Il refuse de faire traiter mes indemnités de responsabilité et le Trésor public ne me versera que mon salaire indiciaire jusqu'en août 2007, date à laquelle j'ai reposé au Comité de Pilotage le problème de mes indemnités de responsabilité non versées par le Trésor public.

Le Secrétaire Général, Président du Comité de Pilotage, stupéfait, obtient l'accord de son instance et soumet à la signature du Ministre des Finances, en août 2007, un Arrêté m'allouant ces indemnités.

Quant aux quatre cadres, leur Arrêté de mise en disponibilité précise qu'ils ont droit chacun à une indemnité mensuelle de cent cinquante mille (150 000) FCFA en sus du salaire indiciaire. Ces indemnités font l'objet d'un budget sur les ressources de l'Etat, approuvé par le Comité de Pilotage et géré par le Coordonnateur du PAMFIP. C'est donc avec ces modestes avantages que les cadres fonctionnaires et moi-même menions les travaux de la réforme à la satisfaction des auditeurs financiers et superviseurs.

Au quatrième trimestre 2012, la tension est retombée et le PARCAFIP sera considéré parmi les bons projets du portefeuille IDA au Tchad. M. Alexandre Arrobbio, chargé du projet à la Banque, satisfait de la performance, décide de motiver l'équipe du PAMFIP en accordant des indemnités mensuelles de transport et de communication. Il conseille, à l'occasion, d'introduire à la Banque une demande d'extension, ce qui fut fait avant la fin de l'année et à compter de 2013, un appui additionnel de dix millions de dollars US est accordé, avec échéance fin décembre 2015.

A l'entrée en vigueur de l'appui additionnel, M. Michel Ragnvald Mallberg remplacera Alexandre Arrobbio comme responsable du projet et les activités du projet montent en puissance avec la réactualisation du schéma directeur informatique, la programmation de l'informatisation des services et le renforcement des capacités des structures de contrôle.

Grâce au financement conjoint de l'Etat et de la Banque Mondiale, l'informatisation des services devrait se pousuivre, en particulier par l'installation du logiciel " Comptabilité Intégrée de l'Etat (CIE)" pour le traitement en temps réel des informations comptables du Trésor, l'extension du SYDONIA à l'intérieur du pays où les missions d'exploration de terrains ont été dépêchées et la mise en réseau de tous les Ministères sectoriels avec le Ministère des Finances et du Budget.

L'Union Européenne dont l'appui, objet de la convention précédemment signalée, est clôturé, revient dans le cadre du 11ème FED avec le Programme d'Appui à la Bonne Gouvernance volet Finances pour le renforcement des capacités des organes de Contrôle.

La Banque Africaine de Développement (BAD) qui jusque là est restée sans intervenir directement dans le financement du PAMFIP, accepte de me confier la gestion de l'appui financier d'un milliard trente-six-millions-neuf-cent-cinquante-deux mille (1 036 952 000) FCFA qu'elle a signé avec le Ministre des Finances et du Budget pour la préparation de l'atteinte du point d'achévement de l'Initiative des Pays Pauvres Très Endettés (IPPTE).

En matière de gestion financière, les rapports de missions d'évaluation finale, de revue et d'audit sont unanimes pour témoigner de la bonne gestion du projet. Le Cabinet LINPICO, chargé de l'évaluation finale de l'appui de l'Union Européenne, écrit en janvier 2013 : « *Le STP a assuré une bonne coordination des appuis définis dans les 5 DP d'exécution du programme et M. Nabia Kossi Manga auditeur interne signale qu'il n'y aucun risque dans la gestion du projet* ».

En février 2013, la mission de suivi de gestion effectuée pour le compte de la Banque Mondiale mentionne qu'elle n'a pas noté ou été notifiée de cas de fraude ou de corruption au niveau du projet et que la performance de la gestion financière est jugée satisfaisante. Enfin, le cabinet fiduciaire AK, dans son rapport d'audit pour l'exercice 2013, conclut qu'il n'a pas d'observation à formuler sur la gestion financiére du projet.

L'attention accordée par les partenaires qui s'engagent à soutenir le projet au regard des quelques résultats obtenus, l'appréciation des contrôleurs et la motivation matérielle des agents ont constitué, pour l'équipe du projet, un motif de satisfaction et une bouffée d'oxygène pour le programme de réforme qui, à terme, devrait inculquer de méthodes transparentes et efficaces de gestion. L'ardeur sera ralentie pour des raisons que nous verrons plus loin.

XII. Delations et pressions diverses

Un homme sans ennemi est un homme faux, dit un adage, et naturellement je fais partie de ces hommes que les collègues et autres chasseurs de postes combattent au Ministère des Finances et du Budget pour trois raisons fondamentales.

La première raison est que le programme de reforme des finances publiques est devenu une réalité qui a fini par s'imposer sur le terrain et gagner la confiance tant des autorités nationales que des partenaires qui y attachent de l'importance par des financements qu'ils accordent et des invitations à des rencontres d'un certain niveau. Cela choque les délateurs.

La deuxième raison est que je suis l'un des rares cadres à être stable au poste de responsabilité technique au Ministère des Finances pendant près de dix ans, si l'on tient compte de mes années d'intérim. Cette stabilité suscite des jalousies car au Ministère des Finances, la moyenne d'espérance de vie aux postes de responsabilités ne dépasse guère trois ans. Au regard de la longévité au poste de Coordonnateur du PAMFIP, vous aurez relevé, avec raison, que le résultat escompté n'est pas atteint mais vous conviendrez qu'en dépit de son équipement et de sa compétence, un pompier ne parviendra pas facilement à éteindre tout seul un feu qui s'est propagé dans une forêt.

La dernière, et la plus importante de toutes, est que la réforme propose des méthodes et réalise certaines actions qui déplaisent aux acteurs du circuit de la dépense habituée aux pratiques peu recommandables. En d'autres termes, la réforme gène parce qu'elle limite les marges de manœuvres des agents indélicats qui cherchent à la torpiller par tous les moyens.

Pour toutes ces raisons et bien d'autres, j'ai fait l'objet de délations, de scènes de jalousie, de convoitises, de menaces, de pressions et autres intimidations qui se sont manifestées de différentes manières.

Le mardi 27 novembre 2007, un responsable de l'ex Projet Gestion de l'Economie à l'ère Pétrolière (GEP) volet finances se présente à mon bureau, accompagné d'un soit disant dirigeant d'un établissement commercial ayant livré en son temps des mobiliers de bureau au projet. Il me somme de rembourser, sans préciser le montant, les prestations faites par cet établissement au projet GEP ou de restituer le mobilier au vendeur sans quoi il saisirait le Ministre du dossier.

J'ai opposé une fin de non recevoir aux démarches de ce responsable qui a usé de ses relations pour informer, à sa manière, le Ministre des Finances et du Budget de nos échanges. Pour lui faire plaisir, le Ministre des Finances a demandé à l'Inspection Générale des Finances de contrôler ma gestion et de lui rendre compte avant toute décision. Après investigations, l'Inspection Générale ne trouvera rien à redire sur ma gestion.

En 2008, le Secrétaire Général du Ministère des Finances et du Budget, Président du Comité de Pilotage et son Adjoint, sensés veiller aux respects des bonnes procédures de gestion des finances publiques, vont être les premiers responsables à vouloir m'intimider et tenter des trafics d'influence.

L'article 4 du Décret 784/PR/PM/MF/ portant création des organes chargés de la mise en oeuvre du PAMFIP dispose que le Secrétaire Général du Ministère des Finances et du Budget est le Président du Comité de Pilotage et celui du Ministère en charge du Contrôle d'Etat en est le vice Président.

A l'effet de se débarasser de son Adjoint qui l'enquiquine pour les indemnités versées aux membres du Comité de Pilotage, le Secrétaire Général m'intimera l'ordre d'inclure son Adjoint comme membre afin que celui-ci puisse prétendre à cet avantage. J'ai humblement suggéré au Président du Comité de Pilotage de proposer au Ministre l'abrogation du Décret 784 pour y introduire le Secrétaire Général Adjoint comme membre du Comité, mais le Secrétaire Général n'a pas accepté ma suggestion et moi j'ai refusé d'exécuter ses instructions.

L'Adjoint au Secrétaire Général est revenu à la charge par un autre canal et me fait venir à son bureau pour m'entretenir en ces termes: "*Depuis que je suis ici, je vois seulement passer les marchés financés dans le cadre du PAMFIP mais pas les retombées. Pensez vous que moi je n'ai pas de famille à nourrir* ?". Venant du Secrétaire Général Adjoint du Ministère, cette réaction est plutôt surprenante pour moi et je lui ai manifesté mon étonnement en lui faisant savoir que moi je n'ai pas d'autres retombées que les avantages reglementaires que me procure mon poste de responsabilité.

Par un Decret de juin 2009, le Sécretaire Général Adjoint sera limogé de son poste et nommé Coordonnateur Adjoint du PAMFIP. Sans qu'il ait pris service, deux personnes enturbannées sont arrivées à mon domicile un week-end et se présentent à moi comme étant les petits frères de mon Adjoint nouvellement nommé, venues de sa part pour me saluer.

Vrais ou faux émissaires du SGA, je les remercie modestement de la visite et leur fais savoir que l'on ne vient pas chez quelqu'un, coiffé de chèche pour le saluer. Ces taupes se confondent en excuses et se dévoilent avant de me quitter, mais malgré tout je ne les connaissais pas et je comprendrai plus tard qu'ils sont venus vérifier s'il y avait chez moi un parc automobile fourni ou autres conforts impréssionnants à partager avec l'Adjoint. Ils sont repartis certainement déçus par leur constat et pour preuve, le récipiendaire ne prendra jamais service au PAMFIP mais sera promu Directeur Général d'une des grandes Sociètés agroindustielles du Tchad.

Relevé de ses fonctions de Directeur Général, il se présentera à mon bureau en 2014, soit cinq ans après sa nomination au PAMFIP, pour reclamer, selon lui, ses dus en tant que coordonnateur Adjoint. Je lui ai demandé s'il blaguait ou s'il était sérieux et dans ce cas il faut qu'il me produise les documents attestant l'effectivité de ses prestations au projet avant de prétendre aux avantages afférents. Il m'a quitté et n'est plus revenu réclamer autre chose.

Le 06 juin 2012, je fais publier dans le journal le « Progrès », n° 3407, la manifestation d'intérêt N°003/MFB/SG/PAMFIP/SPM/2012 pour le recrutement d'un auditeur interne. Y faisant suite, plusieurs candidatures me sont parvenues et le dépouillement a été fait par la Commission d'ouverture et de jugement des Offres (COJO) présidée par le Secrétaire Général du ministère. Moi, je ne suis pas membre de la COJO et la candidature d'un certain Marc Djepagoto n'a pas été retenue. Son Conseiller juridique, le Cabinet d'AVOCAT-PLUS m'adresse le 09 octobre 2012 une lettre de menace me signifiant que son client était lésé et qu'une plainte sera deposée contre moi si le préjudice subi par son client n'est pas reparé.

Répondant à l'auguste avocat, je lui fait savoir, sans fausse modestie, que je comprends la détermination de son client à m'aider dans le service si sa candidature avait été définitivement retenue. Je fais remarquer toutefois que manifester son intêret pour un poste ne signifie pas signer un engagement pour que M. Djepagoto s'estime lésé au point de vouloir porter plainte. J'ai ajouté qu'il est libre de déposer sa plainte et que j'attends d'être édifié par le juge sur la nature du préjudice subi. Jusqu'à mon départ de la coordination du PAMFIP, l'avocat n'a toujours pas répondu à mes interrogations.

Sur le financement d'IDA, une des activités phares à mener est la définition du schéma directeur informatique du Ministère des Finances et du Budget. A cet effet, des manifestations d'intêret ont été publiées et le Cabinet Tunisien SIMAC a été retenu. La Banque Mondiale a convaincu les autorités de la necessité de recruter au Cabinet du Ministre des Finances un Conseiller en informatique avant le démarrage de l' étude SIMAC.

Des avis de recrutement ont été publiés comme l'exige la procédure de la Banque Mondiale et suite au dépouillement, un certain Thierry Salmon a été retenu après de longues négociations de ses conditions d'intervention. Thierry s'est, par la suite, désisté et a proposé M. Philippe Danjon dont le profil correspondrait au poste.

M. Danjon n'ayant pas personnellement postulé suite à la publication de l'avis, j'ai dû poser le problème de son recrutement à la Banque qui retorque que le temps presse et qu'il faut abandonner la première démarche et procéder par entente directe de manière à recruter le Conseiller qui doit prendre service, de préférence avant sinon dès l'arrivée du cabinet SIMAC.

Suite à l'avis du responsable du projet à la Banque, j'ai saisi Danjon aux fins de me faire parvenir son dossier et ses conditions d'intervention. Le Coordonnateur de la Cellule Informatique, associé à tout le processus, est sollicité par messages, dont le mail du 13 juin 2011 par exemple, pour apprécier le profil de Danjon et analyser la proposition technique, après quoi la Banque Mondiale marquera son accord pour le recrutement.

Le Conseiller signera un contrat de travail avec moi selon les procédures admises pour ce type de contrat et prendra service courant 2011 et va collaborer avec le Coordonnateur de la Cellule Informatique pour superviser l'élaboration du schéma directeur informatique.

De temps à autre, le Conseiller n'hésitait pas à faire savoir que la Cellule informatique est techniquement limitée, à telle enseigne qu'un jour, l'Adjoint au Coordonnateur de la Cellule Informatique, excédé, a fini par agresser physiquement le Conseiller et se faire limoger par le Ministre des Finances et du Budget. Par la suite, les relations sont devenues éxécrables entre le Conseiller et le personnel de la Cellule Informatique. Pour le Conseiller, non seulement le personnel est incompétent mais il se livrerait à des pratiques malsaines dans le circuit d'exécution du budget. Pour le personnel de la Cellule Informatique, M. Danjon n' aurait pas le profil requis.

En rendant son rapport, le cabinet SIMAC fait des recommandations importantes, à savoir, entre autres:

- la création d'un Centre Informatique en lieu et place de la Cellule informatique ;

- le recrutement de six informaticiens de haut niveau capables de conduire les travaux d'informatisation des services du Ministère des Finances.

J'enclanche, avec l'appui du Conseiller Informatique du Ministre, en fin de contrat, et toujours en collaboration avec le Coordonnateur de l'ex Cellule Informatique, le processus de recrutement recommandé par l'étude.

M. Christian G. Diguimbaye, Ministre des Finances d'alors, régulièrement informé par son Conseiller, finit par douter de la probité des agents de l'ex Cellule Informatique et diligente un audit mené par des informaticiens extérieurs.

Le rapport de cet audit n'est pas publié mais le Ministre demande et obtient l'accord de la Banque pour le renouvellement du contrat de son Conseiller avec qui je signe le contrat conformément aux dispositions du manuel de procédures.

Les agents de l'ex Cellule Informatique se sentent naturellement menacés par les évènements et l'avancée du dossier qui prévoit par ailleurs le recrutement d'un responsable du Centre nouvellement créé. C'est en ce moment qu'un document anonyme non daté, intitullé mémoradum du personnel de la Cellule Informatique, est rédigé et adressé au Représentant Résident de la Banque Mondiale au Tchad, avec copie au Ministre des Finances et du Budget pour me vilipender.

Selon les auteurs de ce document, du faux aurait été fait, sans préciser par qui, pour recruter le Conseiller Informatique du Ministre en vue d'augmenter le taux de décaissement. Ils demandent le non renouvellement du contrat du Conseiller informatique et la réorganisation du Secrétariat Technique Permanent du PAMFIP pour nommer à la Coordination un Informaticien et non un Economiste gestionnaire.

Après avoir certainement consulté la documentation sur le processus de recrutement du Conseiller Informatique, le Représentant Résident intérimaire et le nouveau responsable du projet à la Banque qui a remplacé son collègue, sont personnellement venus à mon bureau et m'ont demandé de les éclairer sur la question. Je leur ai rédigé, preuve à l'appui, une note sur la génèse du recrutement avec copies au Ministre des Finances et au Secrétaire Général du Ministère, Président du Comité de Pilotage.

Le Représentant Résident de la Banque Mondiale, le Ministre des Finances et le Président du Comité de Pilotage comprendront qu'il s'agit des arguties mais les mêmes termes du document anonyme seront dupliqués comme par enchantement dans le rapport de mission de contrôle dont je parlerai plus loin.

Parallelement à l'agitation et de façon sournoise, l'équipe de l'ex cellule informatique préparait une récupération des réussites du projet en complicité avec le Ministère de la Fonction Publique, du Travail et de la Sécurite Sociale. En effet, suite aux protocoles d'Accord portant transfert du CID et du SIGASPE, les experts Burkinabé venaient prester et nous suivions l'évolution des travaux avec le Coordonnateur de l'ex Cellule Informatique.

Le Ministre des Finances et du Budget était régulièrement informé par mes soins de l'avancée des travaux mais dans la précipitation, le Ministre de la Fonction Publique, du Travail et de la Sécurité Sociale, organise en octobre 2012 la réception du SIGASPE sans m'associer et à l'insu du Ministre des Finances et du Budget, signataire des protocoles d'accord.

Le Coordonnateur de l'ex Cellule Informatique et le Directeur de la Solde, cooptés dans le Comité d'organisation, préparaient avec les techniciens de la Fonction publique cette réception à laquelle les experts Burkinabé, qui se trouvaient au Tchad pour la suite de leur mission, étaient invités. Mais M. Trare, Chef d'équipe d'experts Burkinabè, m'informera qu'il ne va pas honorer l'invitation parce qu'il n'a pas reçu mandat de sa hiérarchie pour la représenter à une cérémonie de ce genre.

Par courtoisie et politesse, c'est M. Oudra, un Directeur des Services au Ministère de la Fonction Publique, membre de la délégation Burkinabè, qui assistera en observateur à l'évènement. Il nous rendra compte plus tard que la cérémonie devrait être présidée par le Premier Ministre, Chef du Gouvernement, mais qu'elle s'est finalement déroulée en catimini sous la Présidence du Ministre tchadien de la Fonction Publique.

A la fin de l'année 2012, M. Haroun, cadre informaticien en service à la Banque des Etats de l'Afrique Centrale (BEAC) a été recruté au poste de responsable du Centre Informatique et le Coordonnateur de l'ex Cellule Informatique sera limogé et promu Ministre de la Fonction Publique en 2013.

La réception officielle des deux logiciels prévue en 2014 par le Ministre des Finances et du Budget qui l'a notifiée à son collègue du Burkina, histoire de s'assurer du bon fonctionnement desdits logiciels après une période de test, n'aura plus lieu.

La partie Burkina n'a pas apprecié la façon cavalière du Ministre de la Fonction Publique du Tchad. Outre les calomnies et sournoiseries, certains responsables de services se croient tout permis et s'opposeront à la réalisation des activités prévues.

XIII. Actes de vandalisme à repétition

Le Ministère des Finances et du Budget est clôturé, l'entrée située côté sud est gardée par les agents de la force de l'ordre ; le nord est limité par le domaine de l'ASECNA, donc sécurisé. A l'ouest se trouve l'aéro club surveillé par les militaires et à l'est, l'Inspection Générale des Finances, dont l'accès est sous surveillance également des agents de sécurité. En principe, c'est donc un endroit difficile d'accès à une personne étrangère aux services, surtout après la fermeture des bureaux.

En 2008, des vrais faux cambrioleurs ont réussi à défoncer les grilles de la fenêtre du bureau des cadres de la Coordination et s'y sont introduits pour saccager les installations et emporter des machines, histoire de faire disparaître la base de nos données. La police a été saisie pour les enquêtes qui n'ont jamais abouti, mais heureusement nos données sont sauvegardées par ailleurs, ce qui a permis de continuer les activités comme si de rien n'était.

Le circuit des dépenses budgétaires est très lourd et soumis à divers contrôles a priori n'apportant aucune garantie de leur efficacité. Dans le cadre du projet, il est proposé la reforme de ce circuit pour aboutir à sa simplification et son informatisation. A terme, les phases administratives de la dépense, à savoir l'engagement, la liquidation, l'ordonnancement et le contrôle financier devront être déconcentrées vers les sectoriels pour se conformer au cadre harmonisé de gestion des finances publiques en zone CEMAC.

Suite à une étude, le circuit a été effectivement simplifié par la suppression de quelques visas non indispensables et même certains services, et un manuel de procédures a été rédigé pour clarifier le rôle de chaque acteur. Dans le même temps, l'informatisation a commencé par les gros Ministères dépensiers grâce aux six informaticiens de haut niveau recrutés sur le financement IDA. Ainsi, les services des Administrateurs des crédits budgétaires des sectoriels ciblés sont interconnectés au circuit informatisé des dépenses du Ministère des Finances, permettant d'engager leurs dépenses sans se deplacer.

L'objectif est d'assurer la fluidité du circuit en le dématérialisant pour éviter, autant que faire se peut, les comportements deviants des agents, les pertes et autres nombreux rejets des dossiers d'engagement afin d'optimiser les consommations de crédits budgétaires.

A l'effet de permettre au Ministre et aux responsables des services de suivre en temps réel l'évolution et la traçabilité des dossiers, un programme appelé Application pour le Suivi des Dossiers à Viser (ASDAV) est installé par un expert canadien. L'application est paramétrée sur la machine de tous les acteurs du circuit de la dépense et du Ministre des Finances et du Budget

Lorsque la dépense est électroniquement engagée par l'Administrateur de crédit, le support physique du dossier est déposé au Secrétariat qui l'enregistre dans le système, lui donne un numéro et remet le récépissé à l'usager qui a déposé le dossier. Selon l'article 2 de l'Arrêté n°093/PR/PM/MFB/SE/SG/STP-P du 24 mai 2014, chaque acteur intervenant dans le circuit de la dépense est astreint à un délai maximal en jours ouvrables pour les tâches qui lui incombent :

- cinq jours pour l'Administrateur de crédit ;
- huit jours pour le Contrôle financier ;
- cinq jours pour l' ordonnancement ;
- neuf jours pour la prise en charge comptable.

Sur présentation du récépissé remis par le Secrétariat, l'usager peut être renseigné sur la situation exacte de son dossier par le Bureau d'Information d'ASDAV (BIDAV) situé à l'entrée de la Direction de la Solde. A l'expiration du délai imparti au service, les références des dossiers non traités clignotent rouge et le Ministre ou le responsable hiérarchique saura, en cliquant sur sa machine, avec quel agent se trouve le dossier en souffrance.

Le système est trop transparent et donc gênant pour les pêcheurs en eaux troubles et le mécontentement sera manifesté au Contrôle financier ou le disque dur sera subtilisé, par on ne sait qui, pour brouiller le circuit. Malgré les mises au point du Ministre, le coupable ne sera jamais démasqué.Le Centre Informatique remettra en route l'application, mais les détracteurs ne désarment pas.

Un mardi de septembre 2014, une réunion de directions se tient, comme d'habitude à 8 heures, autour du Ministre des Finances et du Budget pour faire le point sur l'état d'avancement des réformes dans les différents services du Ministère. Retenu au bureau pour règler une urgence avec un Consutant, je suis arrivé avec un léger retard mais mon Adjointe était à l'heure.

Le premier point en discussion à mon entrée est relatif à l'ASDAV qui ne fonctionnerait pas et qu'il faudrait remplacer selon les acteurs du circuit de la dépense, mais seul le Coordonnateur du Centre Informatique était pour le maintien de l'application. J'ai présenté au Ministre et aux collègues les excuses pour mon retard et je suis intervenu pour signifier que des ressources financières ont été utilisées pour installer ce système qui peut avoir certes des limites mais que l'on ne peut remplacer qu'après une étude diagnostic attestant les insuffisances.

Le Ministre accepte ma proposition et instruit séance tenante M. Haroun, le Coordonnateur du Centre Informatique, pour vérifier pourquoi ASDAV ne fonctionne plus. Le diagnostic ne durera pas longtemps car il ne s'agit pas de la limite de l'application mais d'un acte de vandalisme parce que les cables électriques alimentant les machines du Secrétariat ASDAV ont été sectionnés.

Lorsque les cables ont été remis, le système a refonctionné jusqu'à l' incendie d'origine étrange à l'Inspection Générale des Finances qui détruira à nouveau les branchements électriques de BIDAV. S'agit-il des pires coincidences ou des actes de vandalisme posés dans le but de nuire à la reforme ? La suite des événements nous édifiera .

TROISIÈME PARTIE :

Les incontrôlés d'Etat

XIV. Problème de la Gouvernance au Tchad

Gouverner c'est prévoir ou anticiper, a-t-on coutume de dire mais une bonne prévision ne peut être faite que par un spécialiste en la matière. Ainsi, il n'ya que le météoroloque qui soit à même de mieux prédire le temps qu'il fera demain; le financier pour faire des prévisions financières et l'administrateur pour anticiper la conduite d'une cité. Dans la vie courante nous entendons souvent dire: "*Qui veut aller loin menage sa monture*" Autrement, même avec une voiture sortie de l'usine, vous n'atteindrez pas la destination voulue si dans le reservoir vous mettez de l'éau et dans le radiateur du carburant.

Au pays de Toumaï, se sont le clientélisme et l'amateurisme qui prédominent au détriment de la compétence et du professionnalisme. Les défenseurs de ces pratiques soutiennent que tous les tchadiens s'équivalent et qu'ils peuvent indifféremment occuper tous les postes de responsabilité. Ils ont raison à condition que le promu au poste aie le profil requis car le carburant et l'eau sont tous deux des liquides mais mis à la mauvaise place, ils ne font pas fonctionner la voiture.

Lorsqu'il s'agit de poste de responsabilité; les pratiques forcent à penser qu'une loi non écrite réserve en priorité ce poste à un clan ou à une catégorie des tchadiens. Les cadres n'appartenant pas à cette catégorie ne sont éphémèrement promus qu'en image de trompe-l'oeil et des exemples sont légions.

A un gouvernement dit de technocrates selon le régime, un concitoyen y a été appelé ce qui est normal. La presse nationale a consacré les jours suivant la formation de ce gouvernement à diffuser le profil de chacun de ses membres pour justifier leurs choix et concernant le concitoyen en question, il a été dit: " *M Babouche, qui vient d'être nommé Ministre de la liquidité et des dépenses urgentes est nè le 01 janvier 1950 à Assikidaal. Après les brillantes études à l'école primaire de son village, il entre dans la rebellion. En 1980, il est enrolé dans l'armée nationale et a participé au combat contre l'envahisseur où il a abattu un avion libyen"*En tant que tireur d'élite, sa place est elle au gouvernement ou dans une structure de formation militaire?

Au niveau territorial, quelques rares administrateurs parmi les personnalités nommées gouverneurs à la tête des vingt et trois provinces se demènent sans succès pour y instaurer l'autorité de l'Etat. Le reste, en majorité amateur, appuyé par des Prefets, Sous Prefets et autres chefs de brigades, dans le meilleur des cas sémi-lettrés, ignorent les principes élémentaires de l'administration publique. Ils sont pour la plupart éleveurs et confient la garde de leurs troupeaux aux bouviers qui font pâturer les animaux dans les champs provoquant fréquemment des conflits éleveurs et agriculteurs soldés par des morts d'homme.

Ces conflits sont arbitrés par les autorités administratives juges et parties qui arnaquent les populations rurales en leur imposant, à l'occasion, des amendes arbitraires non reversées au Trésor public où ces mêmes autorités puisent irrégulièrement les ressources.

Les problèmes admnistatifs de tous genres, les conflits éleveurs agriculteurs mal réglés et la ponction des ressources publiques devenus courants obligent le pouvoir central à organiser, pratiquement chaque année, des conférences des gouverneurs et autres préfets en vu de les sensibiliser. Ces assises n'ont pour mérite que l'enrichissement des archives avec leurs recommandations non mises en oeuvres.

Dans le domaine des finances publiques, en prévision de la gestion des ressources pétrolières, les partenaires avaient suggéré à l'Etat, qui l'a accepté, la création des directions des Affaires Administratives et Financières dans les départements ministériels et autres institutions et d'y nommer des titulaires de poste. Par Décret n°334/PR/PM/2002, les directions des affaires administratives, financiéres et du matériel (DAAFM) ont été instituées et leurs attributions définies par le Décret n° 352/PR/PM/2002 du 21 aout 2002.

Lorsqu'il était question de pourvoir les postes, j'étais à l'époque, Directeur du budget avant de devenir Directeur Général et mon ministre m'avait instruit de lui proposer des noms des cadres à nommer et capables d'aider à préparer et exécuter les budgets des sectoriels. Des noms et profils des agents ont été remis, dans la discrétion, au ministre mais à la parution des Decrets de nomination, ce sont plus de 80 % de "blancs becs" d'une zone géographique qui ont été promus Directeurs des Affaires Administratives, Financières et du Matériel (DAAFM) .Très vite, ceux ci vont manquer de respect et de subordination aux chefs des Départements auprès desquels ils sont nommés. Mais ils n'ont surtout pas tardé à montrer leur limite dans les travaux de préparation du budget et leurs propensions à contourner les bonnes pratiques en matière d'exécution des dépenses publiques.

Dans leur majorité, les ordonnateurs des budgets se sont plaints du comportement de ces DAAFM et pour donner suite aux mécontentements généralisés, les autorités compétentes vont simplement muter quelques récipiandaires ou remplacer certains malchanceux par des nouveaux promus majoritairement de même calibre et de même zone géographique. Comme pour confirmer l'adage selon lequel, l'administration est une continuité, les nouveaux promus excelleront à leur tour dans les pratiques malsaines d'utilisation des crédits budgétaires.

Plutôt que de soigner la fièvre en remplaçant les indélicats par des professionnels compétents et intègres, le gouvernement a opté pour la casse du thermometre en supprimant dans les départements ministériels les postes de direction des affaires financières en 2014.. Ce sont désormais les Sécretaires généraux des ministères qui sont désignés administrateurs de crédit en lieu et place des DAAFM.

Pour cette raison, les titulaires des postes seront, comme par hasard, en majorité du même bord que les DAAFM collectivement limogés et les pratiques malsaines vont continuer à survivre.

Les Etablissements publics à caractère administratif et ou industriel dotés de l'autonomie financière et de gestion, les unités de gestion des projets, les régies financières sont dirigés et truffés de gestionnaires de cette nouvelle classe.

Les institutions financières au niveau local et sous régional n'échappent pas à cette loi non écrite qui consacre le clientelisme et l'amateurisme et là où le bas blesse est qu'au niveau national, les malversations flagrantes prennent des proportions inquiétantes..

Excédé, le Président de la République, Chef de l'Etat, S.E Idriss Déby Itno, lors d'une de ses adresses à la nation, a déclaré "*Cessez de voler s'il vous plait*". Plus grave , le "Doing business" a pris l'habitude de classer le Tchad au dernier rang en raison de la mauvaise gouvernance qui n'attire pas le secteur privé sensé être le moteur de la croissance économique d'un pays.

En août 2004, les autorités ont créé, sur les cendres du Secrétariat Général Chargé du Contrôle d'Etat sous le règne d'Hissene Habré, un Département Ministèriel chargé du Contrôle Général d'Etat et de la Moralisation de la vie publique. Ce Département doit jouer le rôle de gendarme et de formateur en contrôlant apostériori la gestion et en cultivant dans l'esprit des agents publics, le sentiment de défense de l'intérêt général. L'objectif est bien noble mais a-t-on créé ce Département pour faire plaisir à l'opinion internationale, ou pour lutter véritablement contre la mal gouvernance ?, Les pratiques nous le feront savoir

Les attributions de ce Ministère sont définies dans le Decret n° 413/PR/PM/2004 du 15 septembre 2004. En ce qui concerne le volet contrôle général d'Etat, elles se résument à:

- Vérifier la régularité, l'efficacité, l'efficience des opérations de dépenses ;
- Vérifier périodiquement et régulièrement la bonne gestion des aides extérieures, dons et legs ;
- Contrôler les projets et Programmes dans différentes phases de leur exécution.

Le Contrôle est essentiellement à postériori et s'effectue selon la procédure contradictoire par les responsables et agents permanents du Ministère qui, dès leur entrée en fonction, prètent serment devant la Cour Supprême en ces termes

"Je jure de remplir fidélement mes fonctions, de les exercer en toute impartialité dans le respect des lois et de garder les secrets de mes missions".

Enfin le législateur a prévu que le Chef de mission et ses collaborateurs ont le pouvoir d'empêcher et/ou de suspendre provisoirement toute opération en cours ou toute activité jugée manifestement grave tendant à l'aggravation des faits constatés, en prenant des mesures conservatoires en vue de préserver les intérêts légitimes de l'Etat.

Par Décret n°506/PR/PM/MCCGM/2004 du 22 octobre 2004, dix agents, dont M. Abderahamane Salah qui deviendra plus tard Ministre de l'Assainissement Public et de la Promotion de la Bonne Gouvernance et moi-même, sont nommés aux postes de responsabilité à ce Ministère. En collaboration avec les autres cadres nommés, nous avons préparé le projet de Decret portant modalités et procédures d'exécution des missions et déterminant les conditions de Contrôle qui sera proposé par le Ministre Mabeoka et signé par le Président de la République, Chef de l'Etat, sous le n°696/PR/PM/MCCGM/2005 du 20 septembre 2005.

Ce Decret est la bréviaire des agents en matière de contrôle et de moralisation. Deux Directions du Ministère à savoir la Direction générale du Contrôle d'Etat et la Direction générale de la Moralisation de la vie publique étaient en charge de ce travail. La Direction générale du Contrôle d'Etat s'occupait de la vérification à postériori de la gestion des ressources publiques tandis que sa consoeur sillonnait les Institutions publiques pour faire connaitre aux agents leurs droits et obligations ainsi que le contenu des textes fondamentaux de l'Etat en vue de leur application.

Comme les articles 31 à 40 du Decret susvié le prévoient, toute mission donne lieu à la redaction d'un rapport déposé auprès des autorités compétentes pour décision à prendre. Pour avoir participé à l'élaboration du projet dudit Decret et conduit personnellement plusieurs missions de contrôle du Ministère, je comprends, au même titre que M. Aderahamane Salah les procédures de contrôle.

MM. Dillah Koulamaye et Doguine Yonde, membres de l'actuelle mission de Contrôle de gestion financière et des ressources humaines au Ministère des Finances et du Budget et qui ont à l'époque fait partie de mon équipe de contrôle à l'hôtel Novotel par ordre de mission n° 02/MCCGEM/SG/DGCE/05 du 15 févreir 2005, ne me démentiront pas.

A lissu de cette mission de contrôle qui s"est déroulée dans le respect des procédures nous avons produit et remis à l'autorité compétente un rapport de qualité inattaquable assorti des récommandations. Selon les articles 36 et 37 du Decret 696, le Ministre en charge du Contrôle doit établir un rapport synthèse confidentiel par mission qu'il adresse au Premier Ministre avec copie au Chef de l'Etat pour décision à prendre.

Une chose est sure, les chefs de mission de contrôle et de moralisation ont chaque fois déposé leurs rapports mais ce que j'ignore c'est la synthèse confidentielle à adresser aux hautes autorités. Dans le meilleur des cas, si le ministre a établi son rapport synthèse, la hiérarchie quant à elle n'a à aucun moment donné suite à ces synthèses parce que personne n' a fait l'objet d'une poursuite judiciaire à l'époque malgrè les cas avérés de détournement revelés dans les rapports.

Le Ministère Chargé du Contrôle Général d'Etat et de la Moralisation change de dénomination et devient Ministère Chargé de l'Assainissement Public et de la Promotion de la Bonne Gouvernance. Les nouveaux responsables chargés du Département n'ont pas fait abroger le Décret 696/PR/PM du 20 septembre 2005 qui, bien que perfectible, est bon mais ils vont l'occulter sur deux aspects importants..

Primo, les contrôles ne s'effectuent plus selon la procédure contradictoire parce qu'aux rapports de mission ne sont plus jointes les réponses écrites de l'agent contrôlé comme l'exige l'article 31 du Decret 696. En outre, la confidentialité n'est plus de mise dans la mesure où les séances de restitution sont radiodiffusées pour plus de sensationnel.

Secundo, le volet moralisation est purement et simplement délaissé parce que les responsables eux mêmes ne savent pas comment sensibiliser leurs concitoyens sur les bonnes pratiques. C'est dans ce contexte que la mission de contrôle est arrivée au Ministère des Finances et du Budget en 2013.

Le 20 décembre 2013, j'avais obtenu une autorisation d'absence signée du Ministre des Finances et du Budget afin de me rendre au village pour participer au forum de Bédaya, dans le Mandoul, prévu du 23 au 24 décembre. Avant que je ne quitte le bureau, M. Oumar Abderahamane Hassan, alias Castro, arrive accompagné de quatre autres agents. Après les salamalecs, il m'exhibe l'ordre de mission n° 129/MAPPBG/SG/DGCE/13 du 12 décembre 2013, signé du Ministre Abderahamane Salah et contenant les noms de neuf agents. Castro me fait savoir, en tant que Chef de mission Adjoint, qu'ils sont commis par leur Ministre pour un contrôle de la gestion financière, matérielle et des ressources humaines dans mon projet pendant quatre semaines.

Je fais venir mon Adjointe pour participer à la prise de contact avec la mission de contrôle et me rappelle de l'article 27 du Décret 696/PR/PM/MCCGM/2005 qui stipule: "*Durant les opérations de contrôle et de moralisation, les responsables et agents des structures concernées ne peuvent s'absenter de leur poste...Toutefois, pour des raisons motivées, une autorisation d'absence doit être dûment accordée par le Chef de mission*".

J'informe la mission de mon projet de déplacement de Bédaya et sollicite une autorisation d'absence pour une semaine. Castro me rassure que je n'ai pas besoin d'obtenir de lui une autorisation d'absence écrite et que, pour une semaine, son équipe travaillera avec mon Adjointe en attendant mon retour.

J'annote l'ordre de mission instruisant mon Adjointe de collaborer avec la mission et de faire mettre à sa disposition toute la documentation et information dont elle aura besoin. Je constate que la mission est prévue pour durer effectivement quatre semaines parce qu'elle finit le 30 janvier 2014 et que le numéro de l'ordre de mission est raturé mais je ne dis rien.

Dans l'après midi, je quitte pour Bédaya et ne reviendrai que le 26 décembre pour être au bureau le 27 où mon Adjointe et le Comptable m'informent que la mission se déroule bien. J'appelle Castro pour l'informer de mon retour et en profite pour lui demander si tout se passe bien. Il me fait savoir qu'il n'y a rien à signaler et c'est la seule fois où j'ai eu un entretien avec lui, sans plus jamais être convoqué à une séance de travail ou même répondre à une question orale au téléphone.

M. Moustapha Tanko, le fiduciaire chargé de donner les informations et documents comptables à la mission m'informe régulièrement de l'évolution du contrôle et me rassure que les choses se passent plutôt bien. Le mois de février est entamé sans que la mission n'ait été restituée comme l'exige la procédure et à partir de ce moment, le Comptable me signale qu'un certain Dillah Koulamaye s'est joint à l'équipe de contrôle en tant que Chef de mission sans se présenter à moi.

XV. Contrôle à charge, passionnel et orienté

Le 07 février 2014, je reçois un lot de correspondances signées de M. Dillah et adressées sous mon couvert aux Consultants recrutés sur financement IDA, leur notifiant des redressements des impôts dus. La majorité, voire la totalité de ces consultants avaient déja fini leurs prestations et repartis chez eux.

Les correspondances que j'ai reçues me surprennent à double titre. D'abord parce que Dillah ne fait pas partie des contrôleurs commis dans l'ordre de mission qui m'a été présenté le 20 décemebre 2013 par Castro. Il ne peut donc pas signer une lettre et me l'adresser en tant que Chef de la même mission. Ensuite parce que M. Mahamat Seid Djimet, le spécialiste d'acquisition sur financement IDA me jure, la main sur le coeur, que les marchés et contrats soumis à ce financement sont en hors taxes dans tous les projets.

Comme la Coordination du PAMFIP est rattachée au Cabinet du Ministre au point de vu administratif, je suis allé voir le Ministre avec les notifications d'impôt pour lui parler de vive voix des risques possibles encourus en prélevant les impôts sur ce financement. Le Ministre Bédoumra Kordje, en tant qu'ancien responsable de la Banque Africaine de Développement (BAD) me dit : "

Prélèver les impôts sur les ressources IDA équivaut à violer les accords de partenariat avec ce bailleur".

Je retourne à mon bureau et rédige une note à l'attention du Ministre pour réquérir son avis formel avant de transmettre les notifications aux différents destinataires. Sur ma note soumise le 13 février 2014, le Ministre annote le lendemain en ces termes: *" C/PAMFIP: J'ai parlé à mon collègue de l'Assainissement et ceci est résolu je suppose*".

Pour en avoir le coeur net, le Ministre m'instruit de lui proposer une lettre à l'attention de son collègue de l'Assainissement Public, ce qui fut fait le 03 mars 2014 et en reponse, le Ministre de l'Assainissement Public et de la Promotion de la Bonne Gouvernance précise, par correspondance n° 054/PR/PM/MAPPBG du 13 mars, que le redevable légal est le Coordonnateur du PAMFIP.

A nouveau, le Ministre me renvoie la lettre de son collègue pour examen et avis. J'ai compris que les contrôleurs me cherchent noise donc inutile de refléchir pour trouver des éléments de réponse. Des rumeurs persistantes et folles circulent au Ministère des Finances que la mission de contrôle va fermer le projet mais pour quelle raison, personne ne l'explique.

Un matin, mon Adjointe arrive à mon bureau toute apeurée et me dit: " Coordo, tout le monde tremble maintenant au Ministère parce qu'il semble que la mission de contrôle a dressé une liste de personnes à arrêter et que le PAMFIP va être fermé mais toi tu es tout serein quel est ton secret ?"

En réponse je lui demande si elle se reproche de quelque chose. Elle me dit non ; alors je lui replique, "si tu ne te reproches de rien, pourquoi t'agiter et avoir peur ?

Les contrôleurs ne sont pas des felins et nous verrons bien où ils vont aboutir".

Entre temps, la petite bête continue à être recherchée sur ma tête et les contrôleurs pensent l'avoir enfin trouvée en m'adressant une lettre le 20 mars 2014. Dans cette lettre, la mission me demande de rembourser dix huit millions trois cent quatre vingt mille (18 380 000) FCFA qui correspondraient aux indemnités de responsabilité et de transport qui me sont versées par le Trésor Public et par IDA sans donner de details.

Pour ne pas donner l'occasion d'évoquer les articles 23 et suivants du Décret 696 relatifs à la collaboration avec la mission, je réponds par courrier n° 026/STP-P/SE/MFB du 25 mars en demandant la période et les détails des indemnités versées par le Trésor Public. Quant aux indemnités de transport, j'explique qu'elles me sont versées par IDA qui est satisfait du travail fait au PAMFIP et que la mission peut s'en convaincre en interrogeant le responsable du projet à la Banque Mondiale. Je conteste enfin l'autorité de Dillah et j'exige son ordre de mission comme le prévoit l'article 19 du Decret susvisé.

Dans sa réponse sous le n°140/PR/PM/MAPPBG du 31 mars, le chef de mission me fera savoir que les sept million neuf cent quatre vingt mille (7 980 000) FCFA sont le cumul des indemnités qui ont commencé à m'être indûment versées, selon lui, par le Trésor public aux taux mensuels de 150 000 FCFA à partir de décembre 2009 jusqu'en mars 2013. A compter d'avril 2013, le taux serait de 180 000 FCFA par mois jusqu'au moment de la rédaction de la notification.

Pour lui, ces indemnités prévues par le Decret n°026/PR/MEF/91 du 11 avril 1991 me sont versées en double emploi parce que le Ministre des Finances et du Budget m'a accordé, par Arrêté n° 288/PR/PM/MFI/07 du

16 août 2007, des indemnités de responsabilités mensuelles de sept cents mille (700 000) FCFA. A priori, il peut avoir raison mais pourquoi ces indemnités, que j'avais réclamées en leur temps, ne commencent à courir pour moi qu'à partir de 2009 ?

En ce qui concerne les indemnités versées sur les ressources IDA, après avoir interrogé M. Olivier Beguy, responsable intérimaire du projet à la Banque Mondiale, les dix millions quatre cent mille (10 400 000) FCFA seront enfin considérés par le contrôle comme réguliers. En même temps que cette réponse, l'ordre de mission comportant le nom de Dillah m'a été communiqué et il porte curieusement le même numéro que celui que m'avait présenté Castro.

Dans ma réplique, je rappelle au chef de mission que j'ai été nommé au poste de Coordonnateur, avec rang et prérogatives d'un Directeur Général depuis novembre 2006, date à partir de laquelle les indemnités de responsabilités devraient m'être versées par la Direction de la Solde qui a refusé de le faire jusqu'en 2009. Je suggère au Chef de mission de se rapprocher des services de la solde responsables de la gestion des salaires et autres indemnités des Agents de l'Etat, pour avoir d'amples informations sur le versement tardif de ces indemnités dont je ne suis pas responsable de la gestion. Je fais enfin observer que les deux ordres de mission signés le même jour par le Ministre et comportant les mêmes numéros dont l'un est raturé, est une preuve de faux et usage de faux. Mes éléments de réponse irritent le Ministre de l'Assainissement Public et de la Promotion de la Bonne Gouvernance et ses collaborateurs qui décident d'en découdre avec moi.

Pour l'exercice 2013, l'Etat a prévu, sur ses ressources propres, deux milliards quatre millions (2 004 000 000) de

FCFA que je dois gérer pour l'informatisation des services du Ministère. Sur ce montant et suivant la procédure de régulation budgétaire, je demande les virements par tranches sur le compte du projet ouvert à Ecobank et utilise les ressources au fur et à mesure que les contrats de prestation sont signés avec les consultants ou les fournisseurs.

Au moment où se déroule la mission de contrôle, 50% des ressources prévues sont virés dans le compte et une bonne partie déja utilisée pour les activités programmées. Les 50% restants ont fait l'objet de mes demandes de virement et les ordres de virement sont restés en instance au Trésor.

Suite à ses investigations, la mission estimera que les besoins d'informatisation sont surévalués et le Chef de mission demande, pour une première fois, une séance de travail conjointe avec M. Ahmat Haroun, Coordonnateur du Centre Informatique et moi même, pour faire le pointage des activités menées et celles non encore débutées. A l'issue de nos échanges, le Chef de mission adresse, en date du 07 avril 20014, une lettre, dont je suis ampliataire d'une copie, au Trésorier payeur Général l'enjoingnant de faire virer le montant de un milliard deux millions (1 002 000 000) FCFA en instance dans le compte n° 4 809 et de lui produire l'ordre de recette correspondante.

Le Ministre des Finances et du Budget se trouvait en ce moment à Washington pour participer aux Assemblées annuelles de printemps du FMI/BM. Je lui fait parvenir par courrier électronique la copie de la lettre et lui explique qu'il s'agit d'un acte insidieux dans le but de grossir les recouvrements sur lesquels la mission pourrait prélever ses indemnités de 10% mais le Ministre ne réagira pas à mon courrier. Dès son retour à N'Djaména, je le sensibilise sur la manigance de la mission et j'ignore s'il a instruit ou non le TPG qui, apparemment, n'a pas obéi aux injonctions du Chef de mission.

Le Ministre de l'Assainissement Public et de la Promotion de la Bonne Gouvernance ne voyant pas venir le reversement demandé, saisit son collègue des Finances par correspondance n° 282/PR/PM/MAPPBG/SG/DGCE du 04 juin 2014 d'une demande d'établissement d'ordre de recettes. Il précise dans sa lettre que la mission de contrôle n'attend que l'exécution effective de cet ordre de recette pour boucler ses travaux.

Obnubilés par la recherche effrénée des indemnités maximales, les contrôleurs et leur Chef confondent les termes et ignorent les règles élémentaires des finances publiques en insistant sur l'ordre de recette à emettre contre le Trésor public. En français facile, "*l'ordre de recette est un acte administratif émis par une autorité financière, demandant à une personne morale ou physique de reverser au trésor une somme d'argent trop perçue ou indûment encaissée*".

Pour le cas d'espèce, l'ordre de recette ne peut pas être émis parce que l'argent n'est pas sorti de la caisse du Trésor pour être indûment versé à une tierce personne. Si les contrôleurs avaient identifié des cas graves et avérés de mauvaises utilisations des ressources de l'Etat par le Coordonnateur du PAMFIP, ils ont le pouvoir, en vertu de l'article 30 du Déecret 696, de demander au Trésorier payeur général de suspendre le virement mais pas plus.

L'objectif des contrôleurs est, d'une part, de faire des opérations de charme pour plaire à leur Ministre et alerter l'opinion publique qu'ils font du bon travail et, d'autre part, surtout, de grossir les recouvrements dont les retombées sont interessantes pour eux. Dans cette logique, ils ne verront partout que des cas de manoeuvres frauduleuses qu'ils qualifient d'indemnités indûment perçues ou de dépenses payées sans base légale. Ainsi, la mission décidera de mettre à ma charge, sans procédure contradictoire, neuf cas d'irrégularités dont j'ai pris connaissance par des voies officieuses. Il s'agit de:

1. Paiement de 59 450 000 FCFA de frais de mission complémentaires aux experts Burkinabé sans ordre de mission ni autorisation du Ministre des Finances et du Budget. Aucune autorité tchadienne n'est habilitée à délivrer un ordre de mission aux fonctionnaires étrangers en mission au Tchad. Par contre, huit demandes de prolongation de mission des experts ont été adressées aux Autorités Burkinabé dont deux (2) par le Ministre de la Fonction Publique, une (1) par le Président du Comité du SIGASPE, et cinq (5) par les différents Ministres qui se sont succédés aux Finances. Sur les réponses positives de ces demandes, le Ministre des Finances annote pour la prise en charge des frais de mission complémentaires ;

2. Augmentation sans base juridique d'indemnités mensuelles de responsabilité de la Coordinatrice Adjointe qui passe de 600 000 à 800 000 FCFA. Les Indemnités mensuelles de responsabilité de la Coordinatrice Adjoint sont de 600 000 FCFA et accordées par Arrêté n° 205/PR/PM/MFB du 02 septembre 2010. Les 200 000 FCFA d'indemnités mensuelles compensatoires lui sont accordées par Décision n° 003/MFB/SE/SG/STP-P du 03 mai 2012 du Comité de Pilotage ;

3. Augmentation sans aucune base juridique des indemnités mensuelles des cadres du Secrétariat Technique Permanent du PAMFIP ;

4. Augmentation sans aucune base juridique d'indemnités mensuelles des membres du Comité de Pilotage. Le Comité de Pilotage est l'organe délibérant du PAMFIP qui adopte son budget et le Coordonnateur exécute

5. La perception d'indemnités indues versées par le Trésor public pour un montant cumulé de 7 980 000 FCA dont je ne suis pas gestionnaire ;

6. La signature de plusieurs contrats avec des consultants nationaux et étrangers sans respect des procédures prescrites par le code des marchés publics. J'ai signé ces contrats suivant les procédures de la banque mondiale, très procédurière, qui aurait objecté si ses règles étaient violées ,

7. Le recrutement du Conseiller Informatique du Ministre, M. Danjon, en violation des règles de procédures et des compétences, qui aurait causé un préjudice financier de 96 000 000 000 FCFA (bien lire quatre vingt seize milliards de FCFA) à l'Etat. Alors que le budget global du PAMFIP toutes sources de financement confondues n'atteint pas ce montant. Ce chiffre est la preuve du sensationnel dont je faisais allusion plus tôt et j'ai déjà expliqué comment Danjon a été recruté. Quant à sa compétence, je vous laisse deviner si l'équipe Dillah a l'expertise nécessaire pour l'apprécier ;

8. La non retenue à la source des droits, impôts et taxes dus par les consultants. Tous les contrats de prestations et des marchés de fournitures d'équipement sont soumis à l'avis technique de la commission fiscale qui n'a eu rien à y redire ;

9. La surévaluation des besoins du PAMFIP qui a amené la mission à demander le reversement de la deuxième tranche de la subvention de l'exercice 2013 d'un montant de 1 002 000 000 FCFA.

Fort de ces constats d'irrégularités, qui ne me seront notifiées que plus tard, le Chef de mission m'enjoint, par correspondance, de suspendre le versement des honoraires de M. Philippe Danjon, le Conseiller Informatique du Ministre des Finances. J'obtempère et le Comptable du projet m'informera par la suite que le Chef de mission demande à récupérer ces honoraires. En bon praticien, M. Tanko, le comptable, me dit qu'il a exigé un écrit de la part de Dillah pour obtenir mon accord avant de lui tirer le chèque.

Habitué sans doute aux techniques d'arnaque, sans laisser de trace, Dillah décline l'offre de Tanko mais clame partout à ceux qui l'écoutent que cette fois ci, Dinanko n'échappera pas et que lui, il n'aurait rien à apprendre de moi.

En tenant de tels propos dans le milieu qu'il croit acquis à lui, Dillah ne garde pas le secret de ses missions comme l'exige le Décret 696 et il ignore peut être que quelques uns de ses compagnons sont mes connaissances qui acceptent aussi volontiers d'échanger avec moi autour d'un pot et me rapporter ses propos. Il a toutefois raison lorqu'il dit n'avoir rien à apprendre de moi parce que l'arnaque est loin d'être ma pratique.

Des rumeurs de détournement de montants importants de deniers publics s'amplifient et la fièvre monte au Ministère des Finances et du Budget parce que la première version du rapport de la mission de contrôle commence à circuler sous les manteaux et sur les réseaux sociaux. Les amis qui ont lu mon nom parmi les voleurs de la République sont étonnés et m'appellent tant de l'intérieur, surtout les Directeurs de publication des journaux de la place, que de l'extérieur du pays parmi lesquels je citerais Pierre MBaibara et Jacques Djimadoum Yotoloum de la France, Gérard Verger du Canada, Mamadou Deme Larmana des USA, Gisèle SUIRE d'Haïti, Jean Claude Courau, Charles Coste et la famille Albert Miayo de la Côte d'Ivoire, Reben Ngonodji Kordje du Niger Ndomnaïbaye Beringar Maïnan, Felix Tedebay et Guerndjita NDoadoumngue du Cameroun, etc. Invariablement, je leur réponds que je suis blanc comme neige et qu'ils se tranquilisent.

Un haut responsable technique du Ministère de l'Assainissement Public et de la Promotion de la Bonne Gouvernance, ayant lu la version du rapport, est outré par les faits à moi reprochés. Il subtilise deux copies du document, me remet un exemplaire et un autre à M. Ngarlenan D , Secrétaire Général du Ministère à qui il est également reproché quelques fallacieuses irrégularités. Il nous conseille de réagir aux allégations mais nous lui faisons comprendre que nous sommes sensés ne pas être au courant du rapport tant qu'il ne nous est pas notifié de façon formelle. Notre informateur insiste et c'est ainsi que par courrier numéro 131/MFB/SE/STP-P/14 du 22 août 2014, je saisis le Secrétaire Général du Ministère de l'Assainissement Public et de la Promotion de la Bonne Gouvernance, d'une demande d'information.

Dans ma correspondance, j'exprime le souhait d'avoir, si possible, le résumé des irrégularités constatées en ce qui concerne ma gestion de manière à apporter des éclairages selon l'esprit du Décret 696/PR/PM/MCCGEM/2005 ; dans le cas contraire, je me reserverai le droit de contester et protester lors de la restitution publique du rapport.

Le Secrétaire Général du Ministère de l'Assainissement Public, surpris que la procédure contradictoire a été violée, aurait fait des remontrances à M. Dillah, Chef de mission, lors d'une de leurs réunions internes. Par lettre n°01/PR/PM/MAPBG/SG/DGCE/14 du 25 septembre 2014, M. Dillah fait un simulacre de démission et l'adresse en ces termes à son Ministre : "*Face aux incessantes pressions, incomprehensions et humiliations subies de la part du Secrétaire Général du Ministère depuis un certain temps à cause des travaux de contrôle que je dirige au Ministère des Finances, j'ai l'honneur de porter à votre connaissance que je démissionne de mon poste de Directeur de Contrôle des Services Financiers, Fiscaux, Comptables et Administratifs*"

De quelles incompréhensions et humiliations peut-il s'agir dans un contrôle qui respecte les procédures ? L'auteur ne les précise pas et le Ministre qui comprend la manoeuvre refuse la démission.

Rassuré de l'appui de son Ministre, M. Dillah Koulamaye me notifie la suspension de mes fonctions de Coordonnateur du PAMFIP pour compter du 15 septembre 2014 par courrier n° 368/PR/PM/MAPPBG/SG/ du 12 du même mois. Il cite l'article 30 du Décret n° 696/PR/PM/MCCGEM /05 du 20 septembre 2005 pour motiver sa Décision, or que cet article dispose: " *Le Chef de mission et ses collaborateurs ont le pouvoir d'empêcher et/ou de suspendre provisoirement toute opération en cours ou toute activité jugée manifestement grave tendant à l'aggravation des faits constatés (flagrant délit, preuve accablante ou aveu) en prenant des mesures conservatoires en vue de préserver les interêts légitimes de l'Etat".*

Il n'est nulle part écrit dans ce Décret que le Chef de mission est autorisé à suspendre un responsable nommé à une fonction par Décret Présidentiel.

Mon Ministre, ampliataire de la lettre de suspension, réagit suite à la lettre référencée 229/PR/PM/MAPBG/ 2014/ du 12 septembre 2014 de son collègue de l'Assainissement Public et à leurs entretiens téléphoniques pour me maintenir au poste par lettre n° 197/PR/PM/MFB/DC/2014 du 15 septembre 2014.

J'ignore le contenu de la lettre du Ministre de l'Assainissement Public parce qu'elle ne m'a pas été côtée et moins encore ce que les Ministres se sont dits au téléphone.

Le 16 septembre 2014, le Chef de mission se décide enfin à me notifier, de façon formelle, les neuf irrégularités que j'ai exposées auparavant et reconnait implicitement dans sa lettre n° 377/PR/PM/MAPBG/SG/DGCE/14 m'avoir notifié seulement la perception des indemnités indues versées par le Trésor public. Il me fait comprendre que ces irrégularités constituent, de son point de vue, des erreurs de gestion assez graves et me donne un delai ne dépassant pas quinze jours pour formuler mes observations.

Tous les termes ont des significations précises et à mon sens, l'erreur peut être humaine et non intentionnelle. Elle est différente d'une faute qui est commise volontairement pour, soit nuire à autrui, soit se procurer frauduleusement un avantage et dans ce cas, la faute devient pénale.

Je réponds, par lettre n° 148/MFB/SE/STP-P/14 du 22 septembre 2014, point par point aux prétendues irrégularités, en prenant au préalable soin de faire savoir au chef de mission que je suis sensé ne plus être au poste pour donner suite à ses constatations, dans la mesure où j'ai été suspendu de mes fonctions plus tôt ; autrement dit, ce n'est pas maintenant qu'il doit me notifier les irrégularités.

Je n'ai pas reçu de réponse à mon courrier jusqu'au 06 octobre 2014, date à laquelle M. NGonfouli, Inspecteur Général des Finances, assurant l'intérim du Secrétaire Général du Ministère des Finances et du Budget, me fait informer par mon Assistante que la restitution de la mission de contrôle aura lieu le 07 courant. J'appelle l'Inspecteur Général et lui pose la question de savoir pourquoi la restitution va se faire en absence du Ministre et du Secrétaire Général. Il me répond que Madame Banata TChalet, Secrétaire d'Etat aux Finances et au Budget chargé de la Microfinance sera présente et qu'elle demande d'ailleurs une réunion préliminaire avec les responsables des services à son bureau avant la restitution.

Le 07 octobre à 08 heures, nous nous sommes réunis autour de la Secrétaire d'Etat qui introduit l'ordre du jour en s'indignant de la manière dont la mission s'est déroulée. Elle nous conseille sagesse, sereinité et de nous comporter en responsables pendant la restitution et d'éviter tout incident.

Je suis intervenu pour dire à la Secrétaire d'Etat que les irrégularités mises à ma charge sont grossières et que si la mission de contrôle ne les reconsidére pas, je vais réagir quitte à ce que je me fasse arrêté séance tenante. Elle me prend en sentiment et dit:

"Evitez de réagir car dans la colère vous risquez d'avoir un écart de langage qui peut se retourner contre vous. Laissez les contrôleurs restituer leur mission et nous verrons ce qu'il y a lieu de faire avec le Ministre dès son retour."

En milieu de la journée du 07 octobre, l'équipe du Ministère de l'Assainissement Public et de la Promotion de la Bonne Gouvernance, conduite par M. Daga Lakissam, Secrétaire Général Adjoint dudit ministère, arrive et retrouve celle des Finances et du Budget dirigée par NGonfouli, Inspecteur Général des Finances. La Secrétaire d'Etat aux finances, empêchée, semble-t-il, au dernier moment, n'assistera pas à la restitution.

M. NGonfouli, rappelle sobrement l'objet de la rencontre et passe la parole à Daga Lakissam qui déclare en liminaire que la mission s'est déroulée au Ministère des Finances du 18 décembre 2013 au 30 juillet 2014. Il expose, par services contrôlés, les irrégularités constatées à la charge des responsables et se met à débiter, en ce qui me concerne, les mêmes constatations notifiées par le Chef de mission dans sa lettre du 16 septembre 2014, sans tenir compte de mes éléments de réponse. Dans sa conclusion, Daga dit qu'une plainte est déja déposée contre les indélicats épinglés par le rapport de la mission.

La logique a toujours enseigné que dans tout travail intellectuel, il y a une thèse, l'antithèse et une conclusion. L'appelation du Ministère obéit à cette logique mais dépuis sa création en 2013, le Ministère de l'Assainissement Public et de la Promotion de la Bonne Gouvernance n'essaye maladroitement et passionnellement que le seul volet assainissement au détriment de l'aspect promotion de la bonne gouvernance.

En effet, assainir c'est rendre décent ou séparer l'ivraie du bon grain, et par analogie, l'assainissement public consisterait à se séparer de mauvais gestionnaires des deniers publics. Si le Ministère a fait un bon travail d'assainissement, Dieu seul sait combien de vrais mauvais gestionnaires de la chose publique ont été épinglés pendant les nombreuses missions de contrôle et ce qui justifierait la detresse du Chef de l'Etat lorsqu'il dit : "*Cessez de voler*".

Un contrôleur est d'abord un formateur parce qu'il doit être à même d'enseigner au contrôlé, en déviation, comment faire pour rectifier son tir. C'est dans cet esprit que le législateur a voulu que le Ministère s'occupe également de la promotion de la bonne gouvernance en inculquant au public la notion de la chose publique et les bonnes manières de les gérer.

L'ex Ministère Chargé du Contrôle Général d'Etat et de la Moralisation organisait des missions de moralisation dans les services de l'Etat et des Etablissements publics, mais le Ministère de l'Assainissement Public n' a ni organisé une telle séance ni produit un quelconque rapport sur ce volet. C'est autant dire que le Ministère de l'Assainissement Public et la Promotion de la Bonne Gouvernance n'a pas fait usage de ses deux jambes pour marcher.

S'agissant du contrôle de ma gestion, la mission n'a ni fait ressortir de manière précise et formelle le montant global du préjudice subi par l'Etat pour la période couverte par le contrôle, ni le montant des recouvrements faits au profit du Trésor, moins encore les progrès réalisés par le Ministère et les propositions d'amélioration de gestion. Dans son contrôle orienté, la mission s'est juste contentée des constatations brumeuses brandies pour des ressources mal gérées dans le seul but de nuire à certains responsables et agents ; sinon, comment comprendre et expliquer que la même mission :

- Considère comme irrègulières les mêmes indemnités versées aux cadres, au Coordonnateur et à son Adjointe, mais n'a rien à redire sur le montant perçu dans les mêmes conditions par les contractuels gérés au PAMFIP ?

- Fasse des redressements retrospectifs des "indus perçus" à l'encontre des responsables et cadres en service au PAMFIP à partir de 2007 jusqu'en 2014, mais ne tienne compte, pour les membres du Comité de Pilotage, que de la période comprise entre 2011 et fin 2013 postérieure au départ de M. Abdérahaman Salah, membre dudit Comité quand il était Contrôleur Financier puis Inspecteur Général des Finances ?

- Ait passé sous silence les graves cas de détournements et concussions qui ont eu lieu pendant la période couverte par le contrôle dans les régies financières (Douanes, Impôts et Trésor) qui ne seront révélés que plus tard par la mission de Contrôle de l'Inspection Générale d'Etat ?

Dillah aurait gagné en temps et en efficacité, s'il avait fait savoir, au Ministre des Finances et du Budget, dès le début de sa mission, qu'il est venu de la part de son Ministre pour relever Dinanko et fermer le projet pour satisfaire les refractaires à la réforme.

En effet, selon certaines indiscrétions, le Ministre Abderahaman Salah concevrait mal qu'un contrôle ne puisse pas découvrir des irrégularités et donner lieu à des arrestations. Puisque son Ministère n'est pas animé par des saints tombés du ciel, il doit y avoir également des irrégularités, d'ailleurs apparentes, mais qui contrôle ces contrôleurs d'Etat?

Je ne suis pas dupe et sais pertinemment que les notifications me sont faites après bouclage du rapport pour faire croire à l'opinion que le contrôle a été contradictoire. En considération des sages conseils de la Secrétaire d'Etat aux Finances, je n'ai pas réagi en salle, évitant d'offrir un spectacle qui pourrait être interprété de diverses manières.

XVI. L'épisode judiciaire

Le 09 octobre 2014, je saisis Me Midaye Gueroumbaye pour être mon conseiller juridique et j'en parle avec mon fils aine Marius NGomibe et Nadjalta Mirangaye, un ami.

Marius commet à ses frais Me Sobdibet et Nadjalta me conseille en plus Me Josué NGadjadoum qui serait un très bon avocat. Je constitue le dossier comprenant la synthèse de la mission de contrôle, les correspondances échangées avec la mission et courriers des différents Ministres des Finances et du Budget adressés au Ministre du Burkina et le remets aux trois conseillers juridiques.

Plus tard, par lettre n°386/MFB/SE/STP-P/14 du 13 octobre 2014, je vais saisir le Directeur Général du Contrôle d'Etat d'une demande de confrontation en contentieux puisque le chef de mission refuse de collaborer. A cette lettre comme aux précédentes, les contrôleurs n'ont pas jugé utile de répondre parce que leur objectif n'est pas de vérifier l'information pour s'assurer de la bonne ou maivaise gestion du PAMFIP, mais de chercher coûte que coûte à évincer Dinanko. "*Cette fois ci il n'échappera pas* ".

La délégation du Ministre Bédoumra Kordje rentre de Washington où elle est allée participer aux assemblées d'automne des institutions de Breton Woods. La Secrétaire d'Etat aux Finances et l'Inspecteur Général des Finances lui rendent compte des constats et récommandations de la mission de contrôle.

A mon tour, je vois personnellement le Ministre et lui fais l'économie des griefs faits par la mission à l'équipe que je dirige. Il me dit qu'il attend toujours de son collègue de l'Assainissement Public, la synthèse du rapport de la mission pour apprécier, mais qu'il est par ailleurs déja surpris et deçu des conclusions du contrôle dont le compte rendu lui a été fait.

J'écris une note à la Haute attention de Son Excellence M. le Président de l'Assemblée Nationale, avec copies au Président de la Commission Finances, Budget et Comptabilité Pulique de l'Assemblée Nationale et au

Directeur de Cabinet du Premier Ministre pour les informer de la violation des procédures édictées par les textes en vigueur. Les destinataires de cette note, absorbés certainement par leurs quotidiens, ne réagiront pas.

Le lundi 27 octobre 2014, le Secrétaire Général du Ministère me demande de venir à son bureau parce que les agents de la police judiciaire voudraient nous écouter suite à la plainte déposée par le Ministère de l'Assainissement Public et dela Promotion de la Bonne Gouvernance.

Je réponds à l'appel du Secrétaire Général et me presente à son bureau où je trouve d'autres agents des services du Ministère, particulièrement ceux des services rattachés au Secrétariat Général et du Contrôle financier. L'un des trois inspecteurs de police venus pour la circonstance me dit soit de venir avec lui, soit de me faire déposer par mon chauffeur au Commissariat Central, à la police judiciaire, pour faire une déclaration. Je lui fais savoir que je vais le suivre avec ma voiture, le temps pour moi de signaler à ma famille et à mon Ministre. Du bureau de M. Ngarlenan, le Secrétaire Général, je suis passé à celui du Ministre Bédoumra pour l'informer de mon arrestation.

Le Ministre me demande si la procédure est régulière et pourquoi la synthèse du rapport de la mission ne lui est jamais parvenue jusqu'à maintenant ? Je lui dis de voir avec son collègue pour la synthèse du rapport, mais qu'en ce qui concerne la procédure, elle a été violée dès le début de la mission.

Je sors du bureau du Ministre et regagne mon bureau où j'appelle mon épouse, mes enfants Marius, Carole et Sylvie et quelques amis, notamment Kosta Tatola et Urbain Ramtoujne Yondo pour les informer que je suis convoqué à la police suite à une plainte déposée par le

Ministère de l'Assainissement Public et de la Promotion de la Bonne Gouvernance.

Je sens au téléphone la stupéfaction dans la voix de chacun d'eux et les rassure à tour de rôle que je ne crains rien parce que je n'ai pas volé un clou. J'informe mon Adjointe et les collaborateurs que je vais au Commissariat répondre à la convocation. Mes collaborateurs sont venus à mon bureau, tous abattus.

Je demande à Philippe Djimasta, mon chauffeur de me déposer à la police judiciaire et lorsque je sortais du bureau, mon Assistante Albertine Lardjim a éclaté en sanglots, ce qui a fait verser également quelques larmes à Philippe à qui je dis "*ressaisis toi pour conduire*".

XVII. Une autre vie commence.

A la police judiciaire, l'officier de police qui nous reçoit a, en main, une plainte à partir de laquelle il nous appelle d'un air dédaigneux pour vérifier les identités. Après cette formalité, nous sommes embarqués dans une pick up pour être transférés à la Coordination, un local de fortune distant de près de 15 km du Commissariat central, situé au sud-ouest du Collège Sacré Coeur, aménagé pour abriter les services de la police et y incarcérer les agents de Boko haram arrêtés.

Il s'agit d'un bâtiment d'habitation comportant plusieurs chambres, en ruine, au toit défoncé et englouti dans la broussaille. Le salon sert de bureau à l'officier responsable de la Coordination et ses collaborateurs, des portes branlantes ferment d'autres chambres qui servent de cachots aux habitants que nous entendons piailler sans cesse. Dans la cour se dressent de gros arbres feuillus et se trouve un vieux robinet qui laisse échapper de l'eau en permanence. C'est ici que je vais cohabiter du lundi 27 au vendredi matin 31 octobre 2014 avec les reptiles et les moustiques qui infestent les lieux.

Pour les besoins physio biologiques, une latrine, à peine clôturée avec des tôles de récupération et de matériel d'emballage, située à trois mètres de nous, sert de toilettes et nous diffuse ses odeurs désagréables. Une dépendance aux toits, fenêtres et portes arrachés, sert de douche commune où, pour s'y rendre à tour de rôle, il faut prendre de l'eau dans un vieux seau sans manche.

L'agent de sécurité qui garde les lieux aimait dire : " *Michil betkou da man talgo*" qui signifie en arabe local "*Vous ne pouvez pas trouver comme chez vous ici*"

Pour passer la première nuit en garde à vue, mon épouse et mes enfants sont venus avec un petit tapis que j'ai étalé à même le sol sur les herbes et une moustiquaire attachée avec des matériaux de fortune. Quarante-huit heures plus tard, tous mes codétenus sont transférés à la maison d'arrêt après dépositions à la police. Je suis resté parmi des détenus provisoires que je ne connais pas et d'autres personnes arrêtées sont venues nous rejoindre.

Le mercredi 29 octobre, mes avocats ont réagi parce que le délai légal de garde à vue est expiré. Le Directeur de la Police judiciaire leur fera comprendre que le Procureur est tenu informé de mon cas. Ce même mercredi, je suis amené à la police pour ma déposition qui ne va commencer qu'à partir de 17 heures, avec une jeune inspectrice de police qui me fait comprendre que je suis poursuivi pour avoir perçu indûment de salaire et payé sans preuve des frais de mission aux experts Burkinabé.

Elle me demande si je reconnais les faits et je lui réponds naturellement que non. S'agissant de prétendu salaire indu, elle me dit pourquoi je les perçois alors que je suis payé par le projet. Je lui fais savoir que les contrôleurs font de l'amalgame entre salaire et indemnités parce que, en tant que fonctionnaire en activité, on ne peut pas qualifier d'indus les salaires qui me sont versés par le Trésor public. Par contre, ce que le projet me verse s'appelle indemnité de responsabilité et non salaire. Maintenant, si les services de la solde décident, sans relance de ma part, de me verser des indemnités à partir de 2009 alors que je suis nommé depuis 2006, il appartient au Directeur de la Solde d'expliquer pourquoi. Elle insiste et me dit que je devrais réagir et chercher à savoir pourquoi mes indemnités ont augmenté à partir de 2009. Je lui dis qu'en absence de bulletin de paie il est difficile de savoir les détails des éléments constitutifs d'un salaire et que, de toute façon, ces indemnités devraient m'être versées depuis ma nomination.

En ce qui concerne les frais de mission supplémentaires, l'officier de police me demande pourquoi je décide de les payer aux experts Burkinabé sans avis préalable du Ministre des Finances et du Budget. Là aussi, j'explique à la policière le processus qu'elle saisit au fur et à mesure, quand un responsable de police sort d'un bureau et vient demander à la dame ce qu'elle est entrain de faire.

Elle lui repond qu'elle est entrain de prendre la déposition du papa en face. Le Monsieur arrache la machine et dit qu'il en a besoin pour faire un travail à domicile et il quitte le bureau. Il est pratiquement 18 heures, mes codétenus, qui ont déja fini leurs dépositions, sont ramenés à la Coordination, les derniers agents rangent leurs effets et sortent des bureaux et la jeune dame me dit " *Désolée Monsieur je suis obligée de partir parce que je vais me faire déposer par un collègue*"

Je lui demande ce que je dois faire et elle me répond qu'il faut voir avec le Directeur Adjoint de Police

Judiciaire (DAPJ) dans un bureau qu'elle me montre. Je toque, j'y entre et j'aperçois, assis derière un bureau, un homme fréluquet qui me reçoit dans un langage discourtois : "*Que veux tu ?*" Je lui dis que je suis venu de la Coordination pour une déposition et que tous mes collègues sont repartis et je suis venu le voir pour qu'il me fasse déposer. Il me dit sèchement qu'il n'y a pas de véhicule pour me déposer et que je m'arrange à me coucher pour attendre demain.

Je lui dis que mon couchage est à la Coordination et que s'il ne voit pas d'inconvenient je vais appeler mon fils pour qu'il me l'amène ou qu'il vienne avec la voiture et me ramener à la Coordination accompagné d'un policier. Le DAPJ hausse le ton et me dit: "*A cette heure-ci, il n'est pas permis aux personnes étrangères d'entrer à la Coordination" et que lui, il ne prend pas l'engagement de mettre un agent dans une voiture d'un particulier pour une mission*". Il sort de son bureau, disparait dans la cour du Commissariat et me laisse avec quelques agents de garde. J' appelle Me Sobdibet et lui explique mon inconfortable situation. Le conseiller arrive vers 20 heures, accompagné de Marius et le DAPJ vient, certainement suite à son coup de fil, les rencontrer. Après un moment d'échanges avec l'avocat à son bureau, le DAPJ accepte que Me Sobdibet me ramène à la Coordination .

Le jeudi 30 octobre, nous sommes à nouveau conduits au Commissariat où je finis mon interrogatoire et reviens à la Coordination pour ne repartir à la police que le vendredi 31 pour lire et signer la déposition, après quoi je serai conduit, avec bien d'autres detenus, au Parquet devant le procureur.

XVIII. J'attendais une décoration, je trouve la prison

L'accouchement a été difficile certes, mais le bébé est bien né et commence à faire ses premiers pas, à la satisfaction de ses géniteurs, parce que les actions de réforme des finances publiques avancent et produisent des effets positifs appréciés tant par les autorités nationales que par les partenaires extérieurs.

En matière de préparation du budget, les services de la Direction générale du budget ne traitent plus le budget sur excel, mais directement sur le logiciel approprié, le circuit intégré de la dépense (CID). La Direction des Etudes et de la Prévision a initié un modèle de projection budgétaire dénommé Système Intégré de Gestion de l'Economie Nationale au Tchad (SIGNET), primé par le FMI et imité dans la zone CEMAC.

Pour l'exécution du budget, malgré la réticence des services, l'impact des actions de réforme se passe de commentaire, même si les effets peuvent être appréciés diversement parce que les mauvaises pratiques ne disparaissent pas du jour au lendemain. Ainsi, l'installation du logiciel SYDONIA, qui peine à être internalisé à la Douane, contribue malgré tout à améliorer la performance de cette administration dans le recouvrement des recettes.

Aux impôts, en attendant l'informatisation déja en chantier, le recensement des contribuables opéré dans le cadre de la réforme a permis d'identifier les contribuables et le traitement équitable des dossiers, ce qui explique la bonne tenue des recettes fiscales.

Au niveau de la gestion des salaires des agents de l'Etat, l'exploitation du logiciel Système Intégré de Gestion Administrative et Salariale du Personnel de l'Etat (SIGASPE) évite au Trésor de payer des salaires des fonctionnaires fictifs et les premiers résultats font dégager des économies de plus d'un milliard de FCFA par mois à l'Etat à partir de janvier 2014. Le Ministre des Finances et du Budget ne cesse de faire allusion à cet exploit dans ses interventions à la presse.

La CEMAC estime que le Tchad est l'un des premiers pays de la zone, avec le Gabon, à réussir la transposition des directives dans le cadre harmonisé de gestion des finances publiques. Elle cite dans toutes les rencontres la bonne avancée du Tchad dans la réforme juridique des finances publiques.

M'inspirant des exemples des pays membres de CABRI en matière de transparence budgétaire, j'ai proposé au Ministère, qui l'a accepté, l'élaboration du budget citoyen dont le but est de faire comprendre au citoyen lambda ce qu'est le budget de l'Etat. Le processus administratif de la préparation du Budget citoyen a bien commencé, mais pour des raisons que vous pouvez deviner, je n'ai pas pu contribuer à son élaboration effective qui n'a eu lieu qu'en 2016. Pourvu que l'exercice survive.

En toute modestie et par honnêteté intellectuelle, je reconnais que l'impact de la réforme des finances publiques est en deçà des attentes, mais cela est normal car la réforme des finances publiques implique des changements de comportement et n'est pas comparable à la mise en route des projets d'infrastructures dont les effets sont immédiatement visibles.

Dans tous les cas, j'estime avoir joué ma partition consistant à proposer et faire approuver les textes légaux régissant la gestion des finances publiques, dont l'application ne dépend pas de moi. J'ai géré les ressources financières mises à disposition par l'Etat et ses partenaires suivant les procédures requises comme l'ont reconnu les structures internationales d'audit financier, et coordonné la mise en oeuvre des activités conformément aux termes de références.

Je peux ne pas mériter une décoration pour n'avoir rien fait d'extraordinaire en dehors de ce qui est prévu dans le cadre de la gestion de ce projet. Mais qu'avais-je fait de si grandiose pour le Tchad en 2003, à part préparer le Budget général de l'Etat quand j'étais Directeur Général du Budget, pour être promu par Decret n° 78/PR/EMP/CH/2003 du 10 mai 2003 au grade d'Officier de l'Ordre National du Tchad ? Qu'ai-je fait de si grave pour mériter cette fois la prison, alors que je n'ai exécuté que les instructions écrites de ma hiérarchie en payant les dépenses sans faire du faux formellement démontré par la mission de contrôle?

Je suis un fonctionnaire de l'Etat chargé d'une mission pour un temps et je suis de ceux là qui pensent qu'un serviteur doit être félicité lorsqu'il travaille avec dévouement et loyauté, et puni quand il est indélicat. Si les autorités estiment que je suis arrivé aux termes de ma mission, il est de leur droit de me rappeler comme elles l'avaient fait pour les postes de responsabilité que j'avais occupés antérieurement.

De 2006 à fin 2014, j'ai battu le record de longévité et de stabilité au poste de responsabilité en tant que Coordonnateur du PAMFIP au Ministère des Finances, forcé l'admiration des partenaires qui ont une bonne appréciation de ma gestion. Jaloux de mon honneur, je n'ai pas daigné faire des courbettes devant l'équipe de contrôleurs et de M. Abderahman Salah comme l'ont fait certains membres du Comité de Pilotage en lui rendant visite à domicile pour implorer sa clémence pour eux-mêmes.

Pour toutes ces raisons, le Ministre Chargé de l'Assainissement Public et la Promotion de la Bonne Gouvernance et ses sicaires ont usé de toutes les gamineries indignes d'un pays dit de droit, avec l'aval passif des autres responsables de l'administration, pour m'humilier. "Qui humilie sera humilié" comme nous enseignera la suite des évènements.

XIX. La comparution

C'est au tribunal que Me Midaye me remet une copie de la plainte collective contre seize agents de différents départements ministériels rédigée le 17 octobre 2014 sous le n° 343/PR/PM/MAPBG/SG/DGELC/DCEF/14 par le Ministre de l'Assainissement Public et la Promotion de la Bonne Gouvernance, M. Abderaman Salah. En ce qui me concerne, il est écrit :

> - *DINANKO NGOMIBE doit répondre des paiements indus qu'il a effectués au profit des experts Burkinabé à hauteur de 59 450 000 FCFA. Il doit par ailleurs rembourser la somme de 7 980 000 FCFA représentant les salaires indûment perçus.*

A toutes fins utiles, il sied de rappeler que les taux journaliers des honoraires des experts Burkinabè ont été négociés par nous techniciens Tchadiens et Burkinabé, sous la supervision des Secrétaires Généraux des Ministères en Charge des Finances et de la Fonction Publique des deux pays respectifs.

Ils sont consignés dans le protocole d'Accord signé le 04 octobre 2010 à Paris en France par M. Gata NGoulou, Ministre des Finances et du Budget du Tchad, et M. Lucien Marie Noël Bembamba, Ministre de l'Economie et des Finances du Faso. Sur cette base, les experts

Burkinabé ont commencé à intervenir au projet à partir de 2011.

Les dépenses cumulées à eux versées de 2011 à 2014 pour les onze missions effectuées au Tchad, avec ou sans prolongation, sont de sept cent soixante trois millions cent mille (763 100 000) FCFA, y compris les redevances de soixante millions de FCFA par an que le Tchad verse pour le logiciel..

Toutes ces missions et leurs prolongations ont eu lieu, soit à la demande écrite du Ministre de la Fonction Publique, lorsqu'il s'agit d'un aspect spécifique de paramétrage pour le traitement des dossiers administratifs des agents, soit à l'initiative du Ministre des Finances et du Budget qui m'instruit formellement, dans tous les cas, de prendre des dispositions pour le bon déroulement de la mission.

Au total, huit demandes de prolongations de mission de cinq experts, en moyenne pour des durées minimales d'une semaine, ont été faites par les Ministres des Finances successifs ou avec leur accord. Si l'on applique les taux des honoraires convenus, les dépenses payées pour les jours additionnels dépasseraient les *59 450 000 FCFA* que la mission de contrôle n'a d'ailleurs pas pu reconstituer devant le juge d'instruction.

Au parquet, un avocat, certainement commis par mes collaborateurs pour être leur conseiller, arrive et m'informe que mes quatre collaborateurs, Japhet Doudou Beindjila, chargé de Suivi Evaluation, Haltengar Traoudal, responsable des Finances publiques, Thomas Kangue Bagdandi, Planificateur et Djimadoum NGarastam, responsable des Ressources Humaines sont aux arrêts à la Coordination. Le Ministère de l'Assainissement Public leur reproche d'avoir perçu chacun dix millions cent mille (10 100 000) FCFA d' indemnités indues accordées par le Comité de Pilotage de 2008 à 2014.

Au Palais de Justice, le Procureur demande que l'on m'introduise à son bureau, l'avocat de mes collaborateurs s'auto désigne mon conseiller juridique et se joint aux trois autres avocats qui m'accompagnent voir le Procureur. Celui-ci me pose laconiquement la question sur les faits qui me sont reprochés. Je réponds invariablement que je ne les reconnais pas et les avocats d'intervenir pour lui demander de qualifier l'infraction.

Il retorque que le dossier est volumineux, que nous sommes vendredi, donc une journée courte parce que les bureaux ferment à 12 heures, et que par conséquent il est obligé de me détenir provisoirement et d'envoyer le dossier en instruction.

Les avocats lui font savoir que le dossier est creux et que la raison évoquée pour ma détention provisoire est legère parce que le volume du dossier ne signifie pas qu'il est pertinent et que d'autres agents reprochés des faits similaires dans la même plainte devront comparaitre libre.

Dans sa souveraineté, le Procureur persiste et délivre un mandat de dépôt pour mon transferement ce vendredi 31 octobre 2014 à la prison d'Amsinene, située à l'ouest de Ndjaména, à environ 10 km du centre de la ville et à 20 km de mon domicile.

Nous sommes une bonne dizaine de personnes, dont une femme, à être transférés à la maison d'Arrêt où nous sommes hués et injuriés à l'arrivée par des délinquants et autres grands bandits qui peuplent ce lieu. Le régisseur de la maison d'Arrêt nous reçoit pour les formalités relevant de sa compétence et nous envoie voir un responsable militaire, en réalité son complice, qui doit nous affecter les cellules.

XX. Marchandages

Le commandant de la brigade de surveillance de la prison nous accueille dans un contenair aménagé qui lui sert de bureau. D'un air farouche et d'un regard menaçant, il nous dit qu'il y a un choix à faire entre l'Eglise et la Mosquée. Sans chercher à savoir de quoi il s'agit, les uns et les autres ont fait leur choix en fonction de leurs convictions réligieuses. Le Commandant nous dira que pour aller à l'Eglise ou à la Mosquée, il faut payer maintenant 200 000 FCFA chacun, sinon il nous mettrait dans les contenairs. Après marchandanges, il réussira à nous soutirer séance tenante 50 000 FCFA pour ceux qui en ont et à avoir des promesses de versement ultérieur pour ceux qui n'ont pas de liquidité sur eux.

Après ce marché, nous serons répartis suivant nos choix et c'est en ce moment que je découvrirai que l'Eglise en question est un hangard grand de 32 m² dejà occupé par quelques chrétiens catholiques et protestants confondus. Le hangard étant saturé, nous les nouveaux venus sommes obligés d'étaler nos tapis à même le sol à ciel ouvert le long du mur de clôlture de la prison pour nous coucher, une fois encore à moins de deux mètres d'un puisard devenu urinoir puant.

A la suite du Commandant de brigade, un de ses agents nous convoque à nouveau nuitamment dans leur bureau et nous somme de lui verser chacun 30 000 FCFA parce que c'est lui qui nous garde, sans quoi il nous deménagerait de l'Eglise et de la Mosquée pour les Contenairs. Excédés, nous avons refusé mais il n'a rien pu faire parce qu'il tentait seulement de nous intimider pour extorquer quelques sous.

Inutile de vous faire savoir que trouver de l'ombre dans la journée est un vrai problème et nous sommes obligés de nous coller aux murs ou, dans le meilleur des cas, partager l'ombre d'une petite guérite avec nos gardiens le jour où ils sont de bonne humeur, mais ils la changent comme la météo.

Le lundi 03 novembre 2014, je suis rejoint à la prison d'Amsinene et à l'Eglise par mes quatre collaborateurs, tous fonctionnaires et agents du Ministère des Finances et du Budget comme moi. Le Ministère de l'Assainissement Public vient de réussir son plan pour satisfaire les détracteurs de la réforme qui ne veulent pas de la transparence dans la gestion des finances publiques.

Les activités programmées sur le financement additionnel de la Banque Mondiale et de l'appui de la Banque Africaine de Développement vont, dans le meilleur des cas, être différées comme va le constater la mission de supervision de la Banque mondiale, ou simplement être abandonnées.

Notre séjour à la maison d'Arrêt coincide avec l'arrestation des responsables de l'ex Direction de la Documentation et de la Sécurité (DDS), une police politique du dictateur Hissein Habre. La majorité de ces responsables ont choisi des cellules VIP, c'est à-dire des chambres communes de 16 m^2, climatisées et équipées de téléviseurs où s'entassent dix à quinze detenus moyennant un loyer forfaitaire aux taux variables à la tête du client et à verser au régisseur.

Un de nos gardiens m'a suggéré de voir avec le régisseur pour convenir d'un taux et rejoindre les privilégiès qui seraient bien logés et vivraient à l'abri des intempéries selon lui. J'ai refusé sa proposition et préféré lézarder au pied du mur de clôture avec mes ex collaborateurs et bien d'autres detenus, parmi lesquels un chef de communauté d'une localité de la région du Mayo Kebbi et une dizaine de ses administrés arrêtés suite à un conflit intercommunautaire. Jerôme Moyodingam, un responsable de l'ex DDS qui connaissait bien Djimadoum NGarastam, a préféré notre compagnie à celle de ses collègues en VIP.

Il s'est intégré dans mon groupe et nous partagions les repas que nos familles et amis amenaient de la maison. Le repas servi à la maison d'arrêt est invariablement la boule du mil moulu non purifié, à la sauce gombo, et quelques rares fois du haricot également mal nettoyé.

Bien que dormant et séjournant en plein air, nous aussi formions un groupe de prévilégiés auprès desquels les autres codetenus et autres délinquants venaient quemander les restes de nourritures, de l'eau potable en bouteille et même des emballages d'eau qui leur servaient la nuit d'urinoir. Nous n'avons pas un seul jour gouté au repas commun servi à la prison.

C'est pendant notre séjour que la police a fait des rafles en ville où elle a arrêté plein de délinquants sans papier, semble-t-il adeptes de Boko Haram. La prison d'Amsinene est surpeuplée, et grouille de monde. Dans les cellules de 25 ou 30m² sont sardinés, à partir de 18 heures, soixante à quatre vingt personnes obligées de s'asseoir et se coucher à tour de rôle jusqu'à 7 heures, heure d'ouverture de ces cellules. Les bouteilles vides servent d'urinoir à ceux qui en ont mais les détenus sont obligés de faire dans leurs culottes en cas de diarrhée parce que, après le coucher du soleil, les gardiens n'ouvrent plus les cachots quelle que soit l'urgence.

Au lever du jour, les adolescents aux yeux hagards fourmillent dans la cour de la prison, l'atmosphère est lourde et l'insécurité perceptible. M. Saloui, un Directeur de service à l'Agence Nationale d'Investigation Financière, arrêté au même moment que nous, a vécu un mauvais quart d'heure un matin quand il est allé pour se soulager aux toilettes communes. Les jeunes gens l'ont coincé dans le couloir menant aux toilettes et l'ont étranglé pour lui faire les pôches. N'eut été l'arrivée in extremis d'autres prisonniers, ils allaient le tuer.

Visiblement, la capacité d'accueil d'Amsinene est insuffisante et les conditions de détention irritent la population carcérale, d'autant plus qu'au niveau du Parquet, l'instruction des dossiers est lente, occasionnant des détentions provisoires de plusieurs mois, voire plusieurs années. Le mardi 4 novembre 2014, entre 8h30 et 9 heures du matin, une mutinérie éclate à l'intérieur de la prison. Les jeunes prisonniers tentent de défoncer le portail et s'en sont pris aux gardiens pour essayer de leur arracher les armes.

Alors que mes compagnons et moi bavardions sur nos couchages après le petit déjeuner, des tirs retentissent, et les gens courent dans tous les sens. Surpris par l'agitation, nous avons posé la question à Ramdja, notre gardien du jour, pour savoir de quoi il s'agit mais lui aussi est surpris par l'évènement et essaye de se rendre au poste de commandement. C'est alors que, s'apercevant de la menace, il charge son arme et monte précipitemment sur le hangar. En un clin d'oeil, tous les gendarmes, après avoir aidé leur chef de brigade bedonnant à grimper sur le contenair, sont montés sur les toits. Les jeunes détenus les lapident et eux, ils ripostent par des tirs à balles réelles. Nous avons compris qu'il y'a mutinerie.

En ce moment, je reçois sur le ventre l'étui fumant d'une balle que je montre à mes compagnons. Ceux-ci me conseillent de le garder en souvenir et je l'ai amené à la maison à ma sortie de prison.

Après une trentaine de minutes, plus longues que d'habitude, le calme est revenu et les gardiens sont redescendus mais très remontés et pas disposés à blaguer avec nous comme ils le faisaient antérieurement. Ils vont obliger les jeunes gens ce jour là à regagner les cellules immédiatement pour faire le compte. On apprendra par la suite qu'il y aurait eu trois morts et quelques évadès parmi les jeunes, mais je n'ai pas vérifié l'information. Deux jours plus tard, les jeunes ont récidivé et le mouvement sera rapidement maitrisé parce que, entre temps, l'effectif des gardiens a été renforcé.

Les autorités judiciaires, mises devant la réalité, ont compris qu'il faut décongestionner la prison d'Amsinene devenue étroite. Un matin, des centaines de détenus, en majorité des jeunes, ont été transférés sur Korotoro, une prison située au nord du pays, renommée pour son isolement et peut être pour ses difficiles conditions d'accueil. Dans le lot, il y avait le chef de la communauté de la localité du Mayo Kebbi et ses administrés qui nous souhaitaient du courage et nous disaient que l'on est venu les chercher pour les ramener chez eux.

Après la mutinerie, notre calvaire continuera, à proximité de l'urinoir, sous les intempéries que sont, entre autres, le froid et la poussière, avec tout le risque de s'attraper une pneumonie. Un jour, en blaguant, Japhet Dodou disait : *"A notre arrivée ici, l'urinoir dégageait une odeur désagréable mais avec le temps, on ne sent plus rien parce que l'odorat s'est habitué à l'environnement et nous sommes devenus insensibles aux mauvaises odeurs"* .

Dans la journée, nous passons le plus clair de notre temps accolés au mur qui nous sert d'abri, lisant soit des journaux, soit des ouvrages ; ou en groupe, presque au soleil, entrain de jouer au scrabble ou aux cartes. De temps à autre, les plantons (jeunes prisonniers ayant duré à la maison d'Arrêt) viennent appeler X ou Y lorsque les visiteurs le demandent au portail. Ces plantons sont des privilégiés parce qu'ils perçoivent un pourcentage sur les droits de communiquer de 700 FCFA que verse chaque visiteur sinon il ne verra pas son parent. Ces droits sont – ils reglementaires? Les autorités judiciaires sont – elles ignorantes ou complices?

A partir de 18 heures, les jeunes délinquants regagnent leurs cellules ; en ce moment nous allons, à tour de rôle, prendre une douche dans une toilette fermée et, à la tombée de la nuit, nous regrouper pour le dîner. Généralement pendant le dîner, mon équipe se permet parfois le luxe de prendre soit du vin ou du whisky que nos visiteurs apportent avec la complicilé de deux de nos gardiens Ramda et Nader acquis à notre cause et qui trouvent leur compte dans le partage. Nos breuvages sont servis dans les thermos et la réserve ou les emballages sont soigneusement gardés dans les musettes des complices.

Un matin au reveil, un des Adjoints au Chef de brigade de la maison d'Arrêt, débarque dans notre zone en compagnie de deux autres agents et se mettent à fouiller dans nos bagages sans nous dire pourquoi. A part l'impressionnant stock d'eau, de fruits et d'autres friandises reçus de nos familles et amis, l'Adjoint et ses hommes n'ont rien trouver de compromettant et ils sont repartis comme ils sont venus. Madjibere, un de nos quatre gardiens, nous dira après que nous avons été trahis par Moulaya, un renfrogneux que nous ne portons pas au coeur.

Désormais, les gardiens au portail ont mon groupe à l'oeil et les plis à nous destinés sont soigneusement vérifiés avec l'espoir de découvrir l'alcool que l'on nous apporte de déhors. J'ai passé l'information en langage codé à Urbain Ramtoujne et Marius NGomibe, les deux pourvoyeurs, de ne plus m'apporter les journaux parce que en fait, ils dissimulaient les bouteilles dans le lot des journaux. La même consigne est donnée par mes ex collaborateurs à leurs familles respectives.

Un jour, j'étais au parloir avec de M. Coulibaly, représentant Résident de la Banque Mondiale au Tchad. La famille de Japhet Doudou a apporté à manger et dans le colis, il y avait un emballage en plastique plein d'un liquide couleur coca cola.

Le gardien qui a receptionné le colis a ouvert la bouteille et a gloutonnement avalé une grande gorgée du liquide, croyant avoir enfin découvert la magouille du groupe du Coordo. Je l'observais et j'avais un haut le coeur parce que moi aussi, je pensais que, par maladresse, Madame Doudou avait mis du vin. Il n'en est rien car après l'imprudente gorgée, l'agent a craché le liquide et refermé la bouteille qu'il a remise dans le colis. Une fois dédans j'ai raconté la scène et Doudou nous fait savoir que c'est une décoction qu'il a demandée pour se soigner .

A N'Djaména, la saison froide, accompagnée de vent de sable qui couvre la ville de poussière, commence à partir de fin novembre et se prolonge parfois jusqu'à fin février. Amsinene étant située dans une zone non arborisée hors de la ville, la poussière y est plus dense et Dieu seul sait quelle quantité nous, sans abri, avalions chaque jour.

Les jours passent et les semaines durent une éternité. Au fur et à mesure, certains de mes codétenus sont amenés au Parquet et reviennent faire leurs bagages pour rentrer parce qu'ils bénéficient de non-lieu. D'autres dont les dossiers sont renvoyés pour complément d'enquète obtiennent des autorisations de sortie les weekend pour rendre visite à leur famille. Nous avons, mes ex collaborateurs et moi, demandé si une autorisation de sortie d'un jour pouvait nous être accordée à tour de rôle, mais le régisseur de la prison nous fera savoir que notre dossier est très sensible.

L'énervement commence à m'envahir à cause des intempéries sous lesquelles je vis, du manque de contact direct, ne serait ce que téléphonique, avec mon Ministre de tutelle ou par personne interposée de son cabinet dont je dépends, mais surtout parce que je ne perçois pas le caractère sensible d'une arrestation pour des motifs falacieux. Je rédige une lettre manuscrite et la fait porter par Urbain Ramtoujne au Ministre Bedoumra pour lui demander d'user de ses prérogatives en tant que Ministre des Finances et du Budget sous l'ordre de qui j'ai travaillé, pour me sortir et comparaitre libre.

Le 02 décembre 2014, je monte une fiche explicative à la Haute attention de Son Excellence Kalzeube Pahimi, Premier Ministre, Chef du Gouvernement, avec copie au Ministre des Finances et du Budget pour exposer les motifs de mon arrestation et de mes collaborateurs. Ce que le ministre des Finances aurait dû faire très tôt.

Mes deux courriers resteront sans suite. Est-ce parce que ces personnalités sont convaincues de ma culpabilité, ou bien pensent–elles que la justice fera un bon travail ? Les mauvaises langues disent que tant que le Président de la République ne réagit pas, aucune décision ne peut être prise.

Mon fils ainé Marius NGomibe, aidé par M. Haroun, contacte tous les responsables, même le Ministre de la Justice, qui acceptent de le recevoir pour plaider mon sort et demander que l'on me sorte du cachot, mais rien n y est fait. Il en parle dans son entourage et Me Mboudekal lui aurait fait savoir qu'il est dans le secret du juge d'instruction et qu'il pourrait intervenir pour ma mise en liberté provisoire. Mboudekal me rend visite à la maison d'Arrêt et m'informe de leur entretien avec Marius. Je le remercie pour sa prédisposition à intervenir en ma faveur mais je ne vois rien venir.

Un certain Colonel, que j'appellerais Yelna , chargé de Sécurité à la Primature, qui a entendu mon cousin Donoyebe Hangar se plaindre de mon arrestation, intervient dans la chaine. Il sautera sur l'occasion et va jurer, semble-t-il la main sur la bible, qu'il réussira à me libérer, pourvu que Donoyébé lui trouve du carburant pour le déplacement d'Amsinene.

Les parents et amis se sont cotisés pour lui remettre trois cent mille (300 000) FCFA. Il s'est rendu avec Donoyebe à la maison d'Arrêt pour me voir et ce jour là, nous sommes venus à mon domicile pour 30 minutes à bord de sa voiture, en compagnie du Chef de brigade de la maison d'Arrêt. C'est la première et dernière intervention réussie du Colonel, mais à un prix qui s'appelle simplement "escroquerie".

En ville, la nouvelle de mon arrestation et de mes collaborateurs alimente les sujets de conversation, semble-t-il dans les ménages et lieux publics. Elle se répand comme une trainée de poudre et les journaux de la place s'en saisissent. La majorité des parutions de la première quinzaine du mois de novembre 2014 consacrent leur "UNE" à mon arrestation.

Dinanko NGomibe, coordonnateur du PAMFIP écroué pour des broutilles, titre Ndjamena bihebdo n° 1574 du 10 au 16 novembre 2014 ;

Dinanko NGomibe, coordonnateur du PAMFIP victime d'une cabale revoltante, écrit l'Observateur n° 766 du 05 novembre 2014 *;*

Abba garde, Le Temps et Le Citoyen, etc. ne sont pas du reste.

Dans les Chanceleries, les Institutions financières et les Eglises, bref partout, tout le monde parle d'une injustice sans pareil s'agissant de mon arrestation et de celle de mes collaborateurs. C'est ainsi que je vais recevoir les coups de téléphone et les visites des personnes suivantes :

- L'Economiste à l'Ambassade des Etats Unis d'Amérique au Tchad qui travaillait avec moi sur le projet d'installation du site web du Ministère des Finances. Elle me dit dans son message qu'elle est de coeur avec moi mais que pour des raisons diplomatiques, elle ne peut pas venir me voir en prison

- Le Rresponsable du Projet PARCAFIP depuis Washington, qui s'étonne des cas de mauvaise gestion de ressources au PAMFIP ;

- Le Représentant Résident de la Banque Mondiale au Tchad qui me dit avoir vu à plusieurs reprises les Ministres des Finances, de l'Assainissement Public et même celui de la Justice à mon propos ;

- Les Révérends Père Paolino Dieng, Vicaire Général et Kévin Palado, Curé du Vicariat de Ndjari dont les gardiens de la prison se rappelleront des bénédictions à la porte d'entrée de la prison ;

- Les Révérends Pères Romain Guelbe et Albert Moudinet, respectivement Curé et Vicaire de ma Paroisse, chaque fois accompagnés de quelques paroissiens ;

- Messieurs Hassan Adoum Bakhit et Ali Abderaman Hagar, respectivement Commissaire à la CEMAC et Recteur de l'Université du Tchad, à l'Eglise" où je séjournais. Ces deux responsables m'ont exprimé leur indignation pour mon arrestation.

A la prison, les journaux qui parlent de mon arrestation passent de mains en mains et incitent certains curieux à venir nous voir avec mes collaborateurs. Au quartier,

Abderaman Salah serait agacé que les journaux parlent tant de mon arrestation. Selon les indiscétions de son entourage, le Ministre aurait même dit: " *Mais que représente Dinanko pour que les journaux lui consacrent des colonnes?"* Lui et ses hommes de mains pensent avoir écrasé un être minuscule et ignorent que se sont les cas Dinanko juxtaposés qui sont qualifiés d'injustice, donc de mauvaise gouvernance.

A Amsinene, je n'ai subi ni torture physique ni autre traitement dégradant, mais j'y suis resté du 31 octobre au 3 décembre 2014 sans être présenté devant un juge. Dieu seul sait si c'est fortuit ou pour laisser le temps jouer sur mon moral aux fins d'obtenir des aveux. Mes ex collaborateurs quant à eux, sont passés plus d'une fois à la barre et à chaque fois leur dossier est renvoyé.

Le 04 décembre nous sommes tous les cinq amenés au Parquet. Moi, je suis présenté pour la première fois au juge d'instruction du 3ème cabinet et je me suis fait accompagné par M. Tanko Mahamat, le comptable du projet. Au bureau du juge, il y avait Me A. greffière, M. Dillah Koulamaye et un membre de son équipe, M. Hassane Souleymane Mahamat. Le juge me demande de m'asseoir sur une chaise visiteur à côté de Dillah, en face de lui, mais Tanko est resté débout. Sa première question est de savoir si je reconnais les faits qui me sont reprochés. Je lui réponds que je ne reconnais pas ces faits et reprends le même récit exposé à la police judiciaire.

Après les explications, j'ai demandé au juge, qui m'a autorisé de poser quelques questions à Dillah mais il demande à Tanko de sortir. J'interviens pour dire que le comptable peut apporter des éclairages mais le juge refuse.

Ma première question est celle ci : "*Au cas où une mission de contrôle découvre, lors de ses investigations, qu'un agent est lésé, peut-elle le rétablir dans ses droits ou non ?*" Dillah me répond qu'il appartient à l'agent de se plaindre auprès de qui de droit. Je prends bonne note et je lui pose la deuxième question : "*Une mission de contrôle est contradictoire, non seulement vous ne vous êtes jamais présenté à moi comme l'exige la procédure, mais vous avez mis à ma charge des faits non vérifiés. Comment la mission est arrivée à déterminer les 59 450 000 FCFA et sur quelle période ?*".

Dillah me répond qu'il s'est présenté au Ministre des Finances et du Budget au début de sa mission et que tous les responsables du Ministère, même le Secrétaire Général, sont passés le voir sauf moi. Que lorsqu'il m'adresse un courrier, je ne lui réponds pas directement mais que j'adresse la réponse à son Ministre. Que de cette façon je néglige la mission qu'il dirige.

En réponse je lui dis que c'est normal qu'il se présente à mon Ministre qui est le premier responsable du Département, mais qu'il a aussi l'obligation de se présenter à moi pour présenter l'objet de sa mission. S'agissant de sa visite, je ne vois pas l'intérêt de la lui rendre dans la mesure où il ne m'a jamais convoqué à une séance de travail. Enfin, concernant les réponses à ses courriers, je le mets au défi de me montrer une seule lettre signée de moi et adressée à son Ministre.

Le juge m'interrompt et me demande de rejoindre mon comptable et d'attendre dehors, je lui dis que nous n'avons pas fini et il me rétorque que l'on va reprendre la confrontation après.

Mais quelle confidence le juge d'instruction et les contrôleurs ont-ils à se livrer pour exiger que je sorte ? Pourquoi le juge n'a pas estimé nécessaire d'écouter le comptable qui, à mon avis, est la personne la mieux indiquée pour éclairer sa lanterne s'agissant des dépenses qui seraient irrégulièrement payées ? De toutes les façons, il est souverain.

Je sors et attends devant son bureau pendant une bonne vingtaine de minutes, après quoi je vois sortir Dillah et son collègue pour disparaitre. Je toque à la porte et entre à nouveau au bureau du juge d'instruction pour exprimer mon étonnement et lui dire que s'il n'y a pas une sérieuse confrontation, il faut qu'il me laisse en liberté provisoire pour que je comparaisse libre. Il me dit que si je veux une liberté provisoire, il faut que je rembourse au moins la moitié de la somme détournée.

Je lui dis que non seulement je n'ai pas d'argent, mais même si j'en avais, je n'accepterais pas de rembourser une dépense que j'ai régulièrement payée sur instructions de ma hiérarchie. Sur ces échanges, le juge me dit de regagner les autres détenus dans la salle d'audience et qu'il me fera revenir prochainement pour une autre confrontation.

A la salle d'audience, mes ex collaborateurs m'informeront qu'ils viennent d'obtenir une mise en liberté provisoire et nous sommes revenus en prison où ils vont faire leurs bagages et me quitter. Il va falloir que je trouve d'autres compagnons en plus de Jérome pour blaguer les nuits tombantes. Ce même jour, Béadrone Tombalbaye me rejoindra à "l'eglise" mais il ne passera en tout qu'une dizaine de jours avant de quitter la prison. Je regagne ma solitude, m'adonne à la lecture et fais matin et soir des abdominaux et quelques autres exercices physiques pour éviter l'atrophie musculaire, ce qui amuse les maires (jeunes prisonniers chargés de la salubrité de la maison d'Arrêt).

Je ne reviendrai plus au Parquet, donc je ne verrai plus le juge d'instruction et Dillah pour une confrontation approfondie jusqu'au 24 décembre 2014 quand Me

Middaye me téléphone pour m'apprendre qu'ils viennent d'obtenir ma mise en liberté provisoire. J'appelle aussitôt mon épouse et mes enfants pour les tenir informés en attendant l'ordre de mise en liberté provisoire. Vers 14 heures, Me Mboudekal arrive à la prison et me dit d'arranger mes bagages pendant qu'il va voir le régisseur pour les formalités de sortie.

Apprenant la nouvelle, Jérôme, qui est une grande gueule, me souhaite bien de choses et me dit que je serai acquitté parce que mon dossier est vide. Nader et Ramdja, mes complices, me disent de ne pas les oublier. L'Avocat revient du bureau du regisseur et nous sortons de la prison, après avoir dit au revoir aux autres codétenus, accompagnés des plantons qui transpotent mon sac, mon tapis et la glacière. Au portail de la prison, tous les membres de ma famille sont là mais Me Mboudekal tient à me déposer personnellemnt. Je monte à bord de sa voiture et nous sommes rentrés à la maison.

Marius NGomibe me dira plus tard que Mboudekal lui a pris au mois de novembre deux millions (2.000 000) FCFA pour négocier avec le juge d'intruction ma mise en liberté provisoire. Quelle honte ! Que le juge d'instruction ait exigé cet argent ou non, que Mboudekal ait partagé ou non l'enveloppe avec le juge, cette pratique est malsaine et je ne l'aurais pas conseillée à mon fils s'il me l'avait fait savoir au préalable. Je le comprends néanmoins parce qu'il a hate de me voir hors de la prison et il était prêt à en payer le prix.

Le 25 décembre vers 16 heures, je suis allé en compagnie de mon ami Urbain Ramtoujne au domicile de mon Ministre Bédoumra Kordje pour lui rendre visite à l'occasion de la fête de Noél et l'informer de ma mise en liberté provisoire. Le Ministre me souhaite du courage et me dit de reprendre le service dès que possible parce que dépuis mon arrestation, les activités seraient quasiment gelées. Je lui demande une semaine de récupération et c'est le 05 janvier 2015 que je suis allé au bureau.

Arrivé au bureau, j'informe le Ministre que j'ai repris le service. Il m'instruit de contacter rapidement les partenaires et les responsables des services de l'Etat pour relancer les activités. J'adresse un courriel à tous mes correspondants avec, naturellement, copies à mon Adjointe et à tous mes collaborateurs. Certains correspondants actifs sur le mail ont promptement répondu pour me feliciter du retour et souhaiter bonne reprise. Entre temps, quelques agents et collègues, qui n'ont pas pu me rendre visite en prison pour des raisons qui leur sont propres, défilent à mon bureau pour les salamalecs.

À 16 heures, je quitte le bureau pour rentrer et à mi-chemin, je reçois un appel téléphonique de mon Ministre qui me demande de revenir le voir au bureau. Je retourne à son bureau et il me dit : "*Tous tes collègues et collaborateurs mis en liberté provisoire ont repris leurs services sans problème mais toi, on me dit que tu dois attendre le jugement*".

Je lui demande de qui vient l'injonction, mais le Ministre me parait peu bavard sur la question et me dit simplement : "*ne cherches pas trop à comprendre. Restes à la maison et je vais laisser courir ton salaire et autres avantages*". Je quitte le Ministre et rentre porter l'information à mes proches et à mes conseillers qui adressent au Ministre des Finances et du Budget une lettre datée du 13 janvier et enregistrée au cabinet le 16 janvier 2015.

Dans leur lettre, les Avocats informent le Ministre que l'affaire en instruction prendra du temps pour être jugée et que me contraindre à rester à la maison est une double injustice dans la mesure où plusieurs personnes, dans une situation identique, ont repris sans obstacle leurs activités quotidiennes...

Le Ministre des Finances et du Budget ne répondra pas aux Avocats, du moins pas à ma connaissance, et moi je continue à poireauter à la maison.

XXI. Ce que la mission de contrôle n'a pas révélé dans le rapport

Abderahman Salah et moi, nous avons commencé à nous connaitre et à collaborer vers les années 1986-1987 quand nous étions des jeunes fonctionnaires au Ministère des Finances et du Matériel. Lui serait rentré des études de la Côte d'Ivoire, je ne sais à quelle période, et moi du Burkina Faso en septembre 1984 pour être intégré à la fonction publique et prendre service au Ministère des Finances le 02 janvier 1985.

Vers les années 1987/1988, grâce à l'appui financier de la Banque Africaine de Développement, l'Etat Tchadien devrait réhabiliter le siège et les villas de la Banque de Développement du Tchad, actuelle CBT, endommagés lors des conflits armés que le pays a connus en 1979-80

Les villas situées côté droit à l'intersection de l'avenue du Général Moussa Sougui, en allant du Trésor vers l'Ouest et de l'Avenue du 26 Août en quittant le rond point globe terrestre vers l'aéroport étaient squattées par des combattants. Il était question de faire évacuer les lieux avant de procéder aux refections des locaux afin d'y loger les experts expatriés recrutés pour redemarrer les activités de la Banque.

A l'époque, Abdéraman Salah était Secrétaire d'Etat aux Finances avec le Ministre Ngarnayal MBaïlemdanan sous le régime d'Hissen Habre, et moi, jeune Chef de section chargé du suivi de ce dossier pour le compte du Ministère des Finances.

Abderahman Salah m'ordonnera d'aller dire aux combattants de libérer les lieux et de lui rendre compte pour dispositions à prendre. J'ai refusé d'exécuter cet ordre et le Secrétaire d'Etat va considérer mon refus comme une insubordination alors qu'il sait pertinemment que les combattants ne sont pas des enfants de choeur. Il en parle au Ministre MBaïlemdanan qui a opté pour la procédure administrative, en me demandant, et c'est ce que j'ai fait, de lui proposer un courrier à adresser au Ministre de la Défense, en l'occurrence Hissein Habre, pour faire libérer les villas.

Sous le règne d'Idriss Deby, Abderahman Salah sera à nouveau nommé Secrétaire d'Etat aux Finances et au Budget, le Ministre titulaire était Loani. J'étais en ce moment Directeur des Etudes et de la Prévision. Le Secrétaire d'Etat et moi avions effectué une mission au Maroc ; où j'ai vu sur le chauffeur qui nous conduisait le format de sa carte nationale d'identité. De retour au pays, je lui ai fait la proposition d'instaurer ce format. Salah sera très content et fier de faire la proposition au Gouvernement qui l'a acceptée et c'est cette carte qui est actuellent en vigueur.

De 2004 à 2006, nous étions des collègues au Ministère Chargé du Contrôle Général d'Etat et de la Moralisation où lui était Directeur de Service et moi Conseiller du Ministre. De 2009 à 2011, nous nous retrouvons à nouveau au Ministère des Finances, lui au poste de Contrôleur Financier puis d'Inspecteur Général des Finances, et moi au poste de Coordonnateur du PAMFIP.

C'est en 2012 qu'Abderaman Salah est relevé de son poste d'Inspecteur Général des Finances pour être promu Gouverneur de la région de la Tandjilé puis relevé début

2013. Pour avoir été tour à tour mon patron puis mon collègue avant d'être nommé Ministre en charge de l'Assainissement Public et la Promotion de la Bonne Gouvernance par Decret n°1118PR/PM/13 du 23 novembre 2013. Abderaman Salah me connait bien. Il sait que je n'aime pas les magouilles et que je ne suis pas de ceux là qui font des courbettes.

En sa qualité de haut responsable technique de service au Ministère, il était membre du Comité de Pilotage du PAMFIP dont le rôle est de donner des orientations au Coordonnateur que je suis. Mieux, en tant qu'Inspecteur Général des Finances, l'Arrêté du Ministre des Finances qui n'est pas abrogé lui confère le titre d'auditeur interne du PAMFIP. Il avait donc la latitude de vérifier la gestion des ressources et formuler des critiques en cas de constats d'insuffisances ou de pratiques peu orhodoxes tendant vers la concussion et proposer des améliorations, mais il n'en a rien été.

En juillet 2013, j'étais invité à participer au Conseil d'Orientation d'ATI en Ile Maurice. Sur mon chemin de retour, je rencontre, à l'aéroport Charles de Gaulle à Paris, M. Abderahman Salah qui me dit être en déplacement privé. Dans la salle d'attente, j'ai échangé avec Salah qui m'apprend qu'il était venu en France à ses frais pour ses soins médicaux.

Nous avons ensuite embarqué sur le même vol d'Air France où moi je suis en classe affaires parce que mon billet est payé par l'organisme qui m'a invité, et lui en classe économique avec un titre de voyage payé sur ses fonds propres. Salah est choqué et a ruminé ce traitement comme une injustice et conçoit mal qu'un Dinanko puisse voyager en classe supérieure et lui, qui aimait se faire appeler Monsieur le Ministre, soit en “Eco”.

C'est Monsieur Laticha, un de ses proches parents avec qui je travaillais sur le dossier de la réforme qui m'a donné cette information au bureau de M. Ngarlenan Dockdjengar, Secrétaire Général du Ministère.

En effet, ce parent de Salah, surpris que la mission de Contrôle m'accuse d'avoir payer sans autorisation les frais de mission supplémentaires aux experts Burkinabé, me dit devant le Secrétaire Général du Ministère des Finances et du Budget qu'il est allé voir le Ministre Salah pour lui faire comprendre que les frais de mission sont versés avec l'accord des Ministres des Finances et du Budget successifs, même si quelque fois les prolongations de mission sont demandées par le Ministre de la Fonction Publique et de l'Emploi.

Monsieur le Ministre lui aurait retorqué: " *Pourquoi Dinanko voyage en classe affaires* ?" Mais où est le rapport avec les faits reprochés ? La mission a-t-elle découvert que le billet était payé avec de l'argent détourné ? Pourquoi ne l'a–t-elle pas mentionné dans son rapport ? Les contrôleurs ont-ils vérifié que le déplacement a eu lieu sans l'accord de mon Ministre ?

D'autres informations circulent au Ministère de l'Assainissement Public et de la Bonne Gouvernance selon lesquelles j'aurais fait de la concussion en achetant des contenairs qui ne seraient pas des actes de réforme des finances publiques.

A titre de rappel, parmi les actions urgentes à mener, la Banque mondiale a conseillé l'achat des contenairs à aménager pour servir de bureaux aux services de l'Inspection Générale des Finances où bon nombre d'agents sont sous les arbres. Cette opération est consignée dans la feuille de route adoptée par le Comité de Pilotage où siège le Secrétaire Général du Ministère de l'Assainissement Public en tant que Vice Président. Celui-ci devrait objecter si ces contenairs, utilisés avec satisfaction par l'IGF, étaient de subterfuges pour enrichir le Coordonnateur.

Mais mieux, tout achat est une sortie d'argent facilement constatable dans la comptabilité et les contôleurs avaient le loisir de le relever s'il est entaché d'irrégularité. Plutôt que de laisser libre cours aux susurrations indignes d'une structure sérieuse de contrôle, la mission aurait pu formellement constater l'irrégularité et m'interroger à propos.

Quand le chef de mission de contrôle me dit à haute et intelligible voix devant le juge d'instruction que tantôt je néglige sa mission en adressant directement des correspondances à son Ministre, tantôt que tout le monde, même le Secrétaire Général, est passé le voir sauf moi, cela est surprenant.

Au grand jamais, je n'ai adressé directement une lettre à son Ministre qui, du point de vu admnistratif, est de loin au dessus de moi. Je mets Dillah et quiconque au défi de produire la référence d'une seule lettre signée de moi et adressée directement au Ministre Aberahaman Salah. Par contre, comme le faisait le Chef de mission, j'ai mis en copie son Ministre les échanges que j'ai eus avec lui. Ensuite, j'estime ne pas avoir de raison valable pour rendre de visites intempestives à une mission qui me contrôle et qui doit faire son travail en toute objectivité, sauf si elle a besoin de moi pour des informations précises.

A part la seule séance d'échanges entre Dillah, Haroun, le Coordonnateur du Centre Informatique et moi même pour faire le pointage des activités à mener sur le budget destiné à l'informatisation, je n'ai pas un seul jour été convoqué à une autre réunion de travail par la mission. Quelle sera alors la valeur ajoutée de ma visite à M. Dillah dans son contrôle ?

A cause de ces non dits et bien d'autres choses, mon dossier a trainé alors que les personnes arrêtées pour les mêmes arguties que moi ont été jugées et acquittées. Un des avocats autoproclamé, Conseiller dont je faisais allusion plus tôt, me donne rendez-vous en février 2015 à l'hôtel Méridien pour que l'on en parle. J'honore le rendez-vous à la suite duqel il me fera savoir, autour d'un petit pot que *l'Avis d'ordonnance rendue par le juge d'Instruction doit être notifié par le greffier, mais qu'il faut trouver du carburant audit greffier pour qu'il puisse venir au bureau les weekends travailler et boucler le dossier.*

Je fais savoir à lavocat que je n'apprécie pas une telle démarche mais que si c'est la seule façon de faire avancer le dossier, j'accepte de lui remettre 50 000 FCFA pour le carburant du greffier. Il me répond que c'est ridiculement bas et qu'il faut au moins 1 500 000 FCFA, sinon le dossier ne sera pas traité avec célérité.

Je tombe des nues et demande à mon interlocuteur combien gagne un avocat par dossier ordinaire pour que l'on puisse verser un million et demi de bakchich à un greffier pour notifier les avis ? Il ne me répond pas et je lui dis que dans ces conditions, le dossier peut attendre et qu'il plaise au procureur de me faire incarcéré à nouveau.

Nous nous sommes séparés et en quittant le jardin de l'hôtel, je croise Rahu, Secrétaire Général du Ministère de l'Assainissement Public. On s'est salué et après quelques échanges, le SG me dit qu'à cause de mon dossier, ils se regardent en chien de faillence avec son Ministre. Je lui dis: "*il reste à ton Ministre de m'expulser du Tchad*". Nous avons rigolé puis on s'est dit au revoir.

Le 10 mars 2015, je reçois une correspondance d'un certain Hassane Souleymane Mahamat, chef de mission de contrôle du Budget au Ministère des Finances et du

Budget me demandant de restituer, dans un bref délai, le véhicule de fonction que j'avais afin de permettre au PAMFIP d'en faire usage pour ses activités.

En réponse, par lettre n° 031/MFB/SE/STP-P/15 du 16 mars 2015, avec copie au Ministre des Finances et du Budget, je lui fais comprendre que la voiture, objet de sa lettre, reste la propriété du PAMFIP et ne sera restituée que sur injonction du Ministre des Finances qui ne m'a pas encore relevé de mon poste de Coordonnateur.

Le Chef de mission ne m'a pas répondu mais le Ministre des Finances m'a appelé et m'a demandé de faire garer la voiture à l'Inspection Générale des Finances pour éviter que l'on ne vienne à mon domicile l'arracher de force. J'exécute l'ordre du Ministre et fais remettre les clefs à l'Inspecteur Général des Fianances. J'apprendrai plus tard que mon Adjointe serait allée demander les clefs de la voiture qui lui ont été refusées.

Pendant que je brûlais d'impatience de voir le dossier évoluer, le Colonel Yelna, encore lui, vient me voir à domicile un matin et me demande que l'on prie ensemble pour implorer le Seigneur afin que mon dossier avance dans le sens souhaité. J'accepte sa prière et à la fin, il me dit que le dossier est avec un de ses amis, Directeur Général du Ministère de l'Assainissement Public qui promet le faire aboutir rapidement à condition que je lui trouve quelque chose. Je suis devenu immédiatement désagréable avec lui et il m'a quitté sans plus jamais revenir chez moi.

Le 05 avril 2015, par Décret n° 923/PR/PM/MFB/2015, contesté par le Ministre des Finances et du Budget, un cadre est nommé Coordonnateur à ma place. A peine a-t-il pris service que mon ex Adjointe a commencé à me dénigrer auprès de lui. Non convaincu des informations que lui communique la dame à mon propos, le nouveau

Coordonnateur me demande un entretien en tête-à-tête que je lui accorde dans un restaurant de la place. A notre rencontre, il me dit qu'il me connaissait depuis longtemps et me raconte que l'Adjointe lui aurait dit que je ne partage pas le travail à telle enseigne qu'elle ignore les urgences en cours. Je lui dis que cette dame aime le comérage et que je lui laisse le temps de la découvrir. Il me demande si je peux accepter d'être son Conseiller, ce que j'ai refusé.

Le 10 avril 2015, Me Adan notifie, en deux phrases, l'avis d'ordonnance rendue le 09 du même mois par le juge d'instruction du 3ème cabinet, à l'attention du Cabinet d'avocat.

Dans son ordonnance de renvoi devant le tribunal correctionnel, rédigée en deux pages et démi, le juge d'Instruction reconnait que *la responsabilité du versement des indemnités de 7 980 000 FCFA ne peut pas m'être imputée*. Par contre, qu'il ressort des pièces versées au dossier, que *des démandes de prolongation des séjours des experts ont été faites respectivement par le Ministre de la Fonction Publique par lettre n° 020/PR/PM/MFPTE/SG/2014 et par le Président du Comité de Pilotage du SIGASPE (correspondance n° 025 du 01 octobre 2013. Mais attendu qu'il ne ressort nulle part dans les pièces versées au dossier une décision du Ministre des Finances autorisant la prolongation des séjours des experts, que donc le paiement effectué par l'inculpé ne se justifie pas et par conséquent il y a concussion.....vu les articles 260 et 262 du code de procédure pénale, le renvoyons devant le tribunal correctionnel et de simple police pour y être jugé conformément à la loi"*.

J'ai beaucoup de respect pour ce juge d'instruction dont j'ai entendu parlé de l'intégrité et de la probité pendant mon séjour carcéral. Mais je viens d'être surpris par la conclusion de son ordonnance. Comment peut-il avoir le courage et l'honneteté d'écrire qu'il ne ressort nulle part dans les pièces versées au dossier une décision du Ministre des Finances autorisant la prolongation des séjours des experts Burkinabé, alors que les lettres écrites, en français, par les Ministres des Finances successifs Gata NGoulou , Christian Georges Diguimbaye, Ahmat Doutoum et Bédoumra Kordje, qui a par ailleurs annoté la correspondance de son collègue de la Fonction Publique, sont bien versées au dossier ? Wait and see comme disent les anglais.

Le 08 mai 2015, je suis convoqué au tribunal de grande instance de N'Djaména pour une première audience devant le jury composé de :

- Myassialbaye Haltebaye, Président ;
- Ahmat Al-hour, Procureur de la République ;
- MeYaya Moussa Yayami, Greffier ;
- Antoine Lokaïngoto, interprète.

A l'audience, c'est la traditionnelle question qui m'a été posée par le juge, à savoir "reconnaissez vous les faits qui vous sont reprochés ?" Je réponds par la négative et le juge de me demander d'expliquer un peu les choses. Je relate les faits et les différents échanges avec la mission.

Le Procureur de la République me dit : *"Pourquoi on vous a arrêté?"* Je retorque que c'est le Procureur de la République qui a donné l'ordre que l'on m'arrête et que moi aussi je voudrais bien savoir les raisons de mon arrestation.

Le Président du Tribunal demande si le Ministère de l'Assainissement Public, partie civile est représenté ? On lui répond non. Il décide alors de renvoyer le dossier au 01 juin 2015, dans l'espoir d'écouter à l'occasion la partie civile.

A l'audience du 01 juin, la partie civile ne sera toujours pas représentée et la parole a été donnée à la défense. Les avocats en ont profité pour critiquer à leur tour la procédure de la mission de contrôle décriée en son temps par les journaux de la place et relever que M. Dillah Koulamaye, Chef de mission, n'a pas au préalable prêté serment comme l'exigent les textes. Ils ont enfin fustigé les conclusions du juge d'instructions qui aurait fait preuve de légereté dans son travail.

Le président du Tribunal renvoit le dossier au 08 juin 2015 et demande que la défense lui produise, entre temps, les articles des journaux qui ont parlé de mon affaire. Quatre numéros des journaux qui ont paru en novembre 2014 lui seront remis. Il s'agit de :

- N'Djaména bi-hebdo ;
- L'observateur;
- Le Citoyen et
- Le Potentiel.

Le 08 juin 2015, le verdict tombe en ces termes, malgré l'absence de la partie civile: " *Après en avoir délibéré conformément à la loi ; statuant publiquement et contradictoirement à l'égard des parties en matière correctionnelle et en premier ressort, déclare Dinanko NGomibe non coupable du délit de concussion ; le relaxe pour infraction non constituée et met les dépens à la charge du Trésor public.*"

Est joint, en annexe, l'extrait intégral du jugement. Abderahman Salah et ses hommes de mains ont causé beaucoup de tort à l'Etat Tchadien en profitant de l'Institution à eux confiée, dont les objectifs sont nobles, pour faire un travail subjectif, s'enrichir en extorquant de l'argent aux contrôlés.

L'insidieuse technique que ces habitués de l'enrichissement illicite utilisent est la menace, l'intimidation ou le chantage en mettant à la charge des contôlés des montants faramineux de somme d'argent supposée indument perçue ou détournée.en les sommant de reverser au Trèsor ou de remettre à la mission de contrôle, sinon ils seront traduits en justice.

Face à ces intimidations et menaces, les vrais détourneurs fortunés et les innoncents couards proposent des bakchich et la mission de contrôle fait généralement table rase sur les vrais ou faux griefs. Les cadres et agents intègres qui refusent de s'exécuter sont quant à eux humiliés et traqués en justice pour finir en prison.

Parmi les seize agents et bien d'autres, contre lesquels le Ministre de l'Assainissement Public et de la Promotion de la Bonne Gouvernance a porté plainte, aucun ne sera reconnu coupable d'un délit par la Justice. On est en droit de se demander si c'est la justice qui est injuste ou si c'est le Ministère qui est léger et partial dans la conduite de ses missions de contrôle. Lorsque la mission de contrôle du Ministère de l'Assainissement public feint de ne pas déceler les détournements massifs opérés par les responsables des régies dans la période couverte par sa vérification et qui ne seront dénoncés que plus tard par les contrôleurs l'Inspection Générale d'Etat et ne s'attaque pas aux auteurs des actes mais aux bénéficiaires comme c'est mon cas, il n' y a plus de doute à déduire que ce ministère fait un travail biaisé.

Le Ministre et ses tueurs à gages l'apprendront, à leurs dépens car, en août 2015, les autorités vont, avec retard certes mais mieux vaut tard que jamais, supprimer le Ministère de l'Assainissement public et la Promotion de la

Bonne Gouvernance, sans confier un autre poste de responsabilité à l'ancien tenant du titre qui n'a pas supporté l'humiliation qu'il vient d'essuyer. Il tirera sa révérence avant la fin de l'année, après le remaniement du Gouvernement. Que Dieu ait son ame.

Dillah Koulamaye le chanceux supposé intègre et honnête sera quant à lui promu Inspecteur Général des Finances. Profitant de sa responsabilité, il fera dautres victimes innoncentes dans les services du Ministère des Finances. C'est ainsi que par note n°193/PR/MFB/IGF/18 du 07 aout 2018, il va suspendre de leurs fonctions quatre vingt agents de la Direction Générale des Impôts au motif que ceux ci seraient détenteurs de faux diplômes.

Après expertises, les services compétents confirméront l'authenticité des diplômes des impétrants et la justice les réhabilitera tous.

Selon un adage populaire, *le soleil finit par se lever quelque soit la longueur de la nuit ou encore qui a humilié sera un jour humilié*. Dillah sera rattrappé par les évènements malgré sa roublardise car lors d'une mission de contrôle qu'il supervisait , avec zèle, dans les régies financières au sud du pays, il a fini par être écroué.

Par note de service n° 004/PR/MFB/2018 du 29 novembre 2018, le Ministre des Finances et du Budget a suspendu la mission supervisée par Dillah. Ce dernier et toute l'équipe de la mission sont suspendus de leurs fonctions et incarcerés pour manquement grave selon la note. Coupable ou calomnié, la justice tranchera, mais entre temps Dillah aura vécu l'humiliation qu'il aimait faire subir aux autres cadres et doit se rendre compte qu'il n'a pas le monopole de la machination.

En ce qui me concerne, comme un médecin après la mort du patient, le Ministre des Finances et du Budget, par fiche n°003/PR/PM/MFB/Cab/2016 du 11 janvier 2016, rend compte de mon arrestation au Premier Ministre, Chef du Gouvernement, en précisant que les 59 450 000 FCFA sont des frais de séjour supplémentaires payés à la demande des Ministres des Finances qui se sont succédés. Quelle est la suite reservée à ce compte rendu rétrospectif?

A mon avis, cette fiche aurait dû suivre immédiatement la séance de restitution du rapport de la mission de contrôle et non plus tard après ma libération, pour reconnaitre que je suis innoncent alors que j'ai déjà été trainé dans la boue. Tout dépend peut être des périodes et des hommes qui sont aux affaires à un moment donné. Si un Ministre a droit aux avantages et honneurs que lui procurent sa fonction et son titre, le citoyen lambda honnête a aussi le droit de se satisfaire de sa probité et jouir de sa liberté.

XXII. De l'indispensable réforme du Contrôle d'Etat

Une reforme des mentalités et de méthodes de travail des Inspecteurs du contrôle d'Etat s'impose avec urgence.

Tous les dirigeants des entreprises et administrations publiques qui ont reçu la visite des Inspecteurs d'Etat le disent sous cape sans souvent avoir le courage de le dénoncer à haute voix. Ils ont été soumis au chantage et à l'arangement, lequel doit être sonnant sans quoi le contrôlé trébuche parfois sans causes objectives.

Un corrompu ne peut pas et ne doit surtout pas exercer le métier de contrôleur d'Etat. Ce métier doit être perçu comme un sacerdoce au service de l'intérêt général au même titre que le travail d'un militaire dans l'armée ou d'un médecin ayant preter le serment d'hippocrate. Au lieu de cela, on est en présence en ce qui concerne particulièrement le contrôle d'Etat du Tchad des chasseurs de primes.

L'Etat n'y trouve que rarement son compte et les contrôlés ne tirent des enquêtes aucun enseignement nécessaire à la gestion de la chose publique.L'Etat doit revoir sa copie en relisant les textes légaux et règlementaires régissant le contrôle pour aboutir à:

- La suppression du pourcentage d'interessement à l'origine de la déviance actuelle des inspecteurs;

- L'instauration d'un code d'éthique et de déontologie ;

- La systématisation des enquête de moralité et la vérification de patrimoine dans le processus de recrutement des inspecteurs d'Etat, processus qui doit inclure un concours ouvert même aux non fonctionnaires;

- La mise en place d'un statut particulier des contrôleurs d'Etat qui doivent constituer un corps d'élite au dessus de tout soupçon avec une grille de salaire qui les mette à l'abri de la tentation

Sur les cendres du Ministère en charge de l'Assainissement Public et de la Promotion de la Bonne Gouvernance supprimé en août 2015, les autorités ont décidé de créer en lieu et place une nouvelle structure chargée du contrôle d'Etat. Il s'agit de l'Inspection Générale d'Etat dont les attributions sont calquées sur celles du défunt ministère de l'Assainissement Public.

La différence avec l'ancienne structure de contrôle est qu'à la création, il est prévu le recrutement du titulaire du poste sur dossier par un cabinet indépendant commis par l'Etat et non une nomination comme c'est le cas habituellement. Pour amuser la galerie, un avis de vacance de poste a même été lancé histoire de faire croire à l'opinion publique qu'une volonté d'opérer le changement dans le domaine est en chantier.

En réalité il n'en est rien car le premier Inspecteur Général d'Etat a été nommé et comme le ridicule est le dernier des soucis de ceux qui dirigent, le même récipiandaire a été promu par deux Decrets simultanés à deux postes de responsabilité, à lui de choisir. Naturellement il a opté d'être Inspecteur Général d'Etat pour quelques instants avant d'être limogé.

En quatre ans d'existance, l'Inspection Générale d'Etat s'est vue dirigée successivement par cinq Inspecteurs Généraux nommés soit un peu moins d'un an au poste par chacun d'eux.. Quant au personnel technique, il est, comme à l'accoutumé, composé des protègés et autres militants sans profil sérieux Ils n'ont donc pas qualité pour être contrôleur car un contrôle ne peut pas être exercé par un novice.

La valse des responsables nommés à la direction de l'Inspection Générale d'Etat et la malhonnêteté des contrôleurs ne sont pas des facteurs favorisant un bon contrôle. La preuve est que les rapports d'inspection font l'objet des critiques souvent avéres.

XXIII. La grande surprise

A ma libération définitive, j'ai repris service au Ministère des Finances et du Budget mais sans poste de responsabilité. N'ayant reçu aucune affectation, je suis resté dans le tas au Secrétariat Général, "au divers" comme nous avons coutume de le dire.

M. Alpha, Directeur de Cabinet du Président de l'Assemblée Nationale m'a contacté et demandé si je pouvais accepter de servir à la Representation Nationale comme Assistant parlementaire. J'ai accepté et, par Décision n°115/PAN/Q/SG/DGSAL/DRH/SGP/2016 du 23 mai 2016, le Président de l'Assemblée Nationale me nomme Assistant Parlementaire à la Commission Finances, Budget et Comptabilité Publique.

En interne, j'ai connu des mutations successives de la Commission Finances à la Commission Objectifs de Développement Durable (ODD), puis de l'ODD à la Commission Finances.

Le 23 mai 2017, je reçois une lettre signée du Député FANAID, Président de la Commission d'audit des Diplômes des Agents du Secrétariat Général de l'Assemblée nationale mise en place par le Président de l'Assemblée Nationale (PAN). Par cette lettre, la Commission m'informe qu'elle m'avait contacté antérieurement par lettre, convoqué par communiqué radiodiffusé et même par affiche aux fins que je lui produise mes diplômes et que je ne me suis pas présenté à elle. Elle m'accorde une semaine pour présenter mes diplômes, sinon elle considerera que je n'ai pas de diplômes et en tirera les conséquences.

N'ayant jamais reçu par le passé un message de quelque nature que ce soit de ladite Commission, je suis surpris par le contenu de cette correspondance et je me suis présenté sans délai au service de gestion du personnel pour demander les preuves auxquelles le Président fait allusion dans sa correspondance.

L'agent que j'ai rencontré n'a pas pu trouver les preuves et me conseille de voir personnellement le Directeur des Ressources Humaines (DRH) de l'Assemblée Nationale. Celui-ci me reçoit dans son bureau le 25 mai 2017 en présence du Directeur Général des Services Administratifs et de la Legislation (DGSAL) et me dit de ne pas tenir compte de ce qui est écrit dans la lettre parce qu'il s'agirait d'une formule standard mais que je lui remette seulement les copies de mes diplômes que la Commission va se charger, comme d'habitude, de transmettre à l'Office National des Examens et Concours du Supérieur (ONECS). Séance tenante, je lui remets les copies légalisées de mon baccalauréat série "B" obtenu en 1974 au Lycée Technique Commercial de N'Djaména et de la Maîtrise es Sciences Economiques, option Gestion des Entreprises Publiques, obtenue à l'Ecole Supérieure des Sciences Economiques à l'Université de Ouagadougou.

En août 2017, la Commission rédige un rapport provisoire à l'attention du Président de l'Assemblée Nationale et y mentionne que je ne lui ai pas présenté mes diplômes. Le Directeur de Cabinet du PAN, qui a pris connaissance du rapport, est surpis par ces allégations et m'informe de la situation. Je repars voir le Directeur des Ressources Humaines pour vérification de l'information et le DRH, une fois encore, en compagnie du DGSAL, me rassure que mes diplômes ont été bien reçus par la Commission et transmis par courrier à l'ONECS pour vérification avant authentification, mais que les agents de l'ONECS les auraient égarés !

Le DRH me tranquilise en disant que la Commission en fera son affaire et qu'elle saisira l'Office au sujet de mes diplômes. Naivement, j'ai cru aux propos du DRH, sans me douter un seul instant du plan diabolique qui se tramait derrière cette histoire de diplôme. A l'Assemblée Nationale, la rumeur précède souvent, sinon toujours, les actes administratifs. C'est ainsi qu'en fin septembre 2017, Madame la Questeur me demande de lui remettre mon Curriculum Vitae et je me suis exécuté sans chercher à en savoir davantage.

Le 04 octobre 2017, je reçois une convocation de la Commission Chargée des audits des Diplômes des Agents du Secrétariat Général de l'Assemblée Nationale pour le 06 courant. Je réponds à la convocation et, séance tenante, le Vice Président de la Commission me demande pourquoi je n'ai toujours pas remis les copies de mes diplômes.

Je lui exprime mon étonnement tout en lui faisant savoir que les copies certifiées de mes diplômes ont été remises le 25 mai 2017 au DRH présent à la rencontre et qui confirme les avoir reçues mais qu'elles ont été perdues par les services de l'ONECS.

Le Vice Président me demande d'apporter les diplômes authentifiés le lundi 09 octobre et moi de lui répondre que c'est impossible pour la simple raison que l'ONECS doit contacter mon Université à Ouagadougou avant d'authentifier les diplômes, ce qui necessitera du temps. Il partage partiellement ma proposition et m'accorde une semaine pour amener les copies authentifiées.

Le lundi, je me présente à l'ONECS et le Directeur Général de l'Institution, après m'avoir reçu, instruit la Directrice des Equivalences des Diplômes de contacter l'Université de Ouagadougou pour le processus d'authentification. Je reviens au bureau à l'Assemblée Nationale et informe le DRH de la démarche. Il me conseille d'en informer le DGSAL, rapporteur de la Commission. Je m'exécute et téléphone au Directeur Général des Services Administratifs et Legislatifs pour l'en informer. En réponse, mon interlocuteur me dit : "*on veut faire un travail objectif, les gens nous en empêchent ; attendez que l'Office authentifie vos diplômes et vous nous les amenez*" Que signifie cette réaction? Comprenne qui pourra.

Entre temps, le personnel d'appui et certains agents chargés de la Sécurité de l'Assemblée Nationale, que je rencontre dans les couloirs, me félicitent pour la promotion que j'aurais reçue. En fait je venais d'être nommé Directeur du Budget et de la Comptabilité Publique de l'Assemblée Nationale sans en être notifié. En attendant de recevoir officiellement l'acte de nomination, un combat d'intêret est déclenché, semble t-il par le Directeur de Cabinet Adjoint du Président de l'Assemblée, contre tous ceux qui sont parrainés par le Directeur de cabinet titulaire et dont je fais partie.

Le 10 octobre 2017, le Directeur Général de la Questure me remet la décision n° 159/PAN/Q/SG/ DGSAL/DRH/SGP/2017 du 06 octobre me nommant Direceteur du Budget et de la Comptabilité Publique de l'Assemblée Nationale. Je ne serai officiellement installé au poste qu' une semaine après, bien que la note de prise de service prenne effet à compter du 06 octobre.

Les échanges entre l'ONECS et l'Université de Ouagadougou ont trainé et j'"ai dû utiliser mes relations personnelles sur place à Ouaga pour obtenir, le 24 octobre 2017, l'authentification des diplômes que je remets immédiatement à la Commission.

Le vendredi 03 novembre 2017, je réponds à une convocation orale de la Commission Paritaire de l'Assemblée Nationale, présidée ce jour par un ex magistrat indélicat révoqué de la Magistrature et nommé à l'Assemblée Nationale. Celui-ci me demande pourquoi depuis huit mois j'ai refusé de remettre les copies autthentifiées de mes diplômes à la Commission Chargée de l'audit, malgré un délai supplémentaire d'un mois qui m'aurait été accordé.

Je refais la genèse du processus en prenant à témoins le DGSAL et le DRH présents à la séance et je fais savoir à l'assistance que je n'ai pas bénéficié d'un délai de grâce d'un mois comme le prétend le Président de séance, mais que suite à mes démarches personnelles, j'ai pu obtenir l'authentification des diplômes que j'ai remis à la commission le 24 octobre 2017. Le Représentant du personnel, membre de la Commission Paritaire, me demande de lui remettre copies des diplômes authentifiées et le Président me remercie en me disant de disposer parce que l'exposé est clair.

Le lundi 06 novembre 2017, le Directeur de Cabinet du Président de l'Assemblée Nationale m'appelle au téléphone et me dit qu'il vient d'être informé, par son Assistante, d'une Décision n° 171/PN/Q/SG/DGSAL/DRH/SGP/2017 du 03 novembre 2017, me remettant à la disposition du Ministère des Finances et du Budget pour refus de collaborer avec la Commission Chargée d'audit des diplômes des Agents du Secretariat Général de l'Assemblée Nationale. Le rapport produit par la Commission paritaire et signé de tous les membres présents pour motiver la décision ne mentionne nulle part la perte des diplômes par la Commission d'audit. Il ne résume même pas les échanges pendant l'audition , mais fait ressortir que mes diplômes ont été remis hors délai.

Dans sa fable du loup et l'agneau, La Fontaine écrivait que la raison du plus fort est toujours la meilleure. Cet adage, que dis-je, cette morale s'applique parfaitement à cette Commission d'audit qui n'a pas défini une méthode claire du travail qu'elle abat avec subjectivité pour régler des comptes à certaines gens. Car :

- Si les diplômes sont reçus et transmis par lots à l'ONECS, comment expliquer que les miens soient égarés parmi tant d'autres ?
- Si la Commission paritaire devrait éclairer le Président de l'Assemblée Nationale pour la prise d'une décision objective, pourquoi a-t-elle tu la perte de mes diplômes par la Commission Chargée

d'audit ? Pourquoi a-t-elle introduit le projet de décision à la signature du Président sous le manteau et à l'insu du Secrétaire Général titulaire et du Directeur de Cabinet ?

La grande surprise c'est *: pourquoi le Président de l'Assemblée, législateur de son Etat, lui même, avec qui je travaillais en ce moment là sur le projet de la Mutuelle Santé et d'Entraide de l'Assemblée Nationale, n' a pas jugé nécessaire de m'écouter malgré la fiche que j'ai rédigée à sa Haute attention le 23 octobre 2017* ?

Le mal ne provient pas de ceux qui le font mais de ceux qui le voient et laissent faire. Qu'une telle injustice provienne de l'Assemblée Nationale cela est tout simplement regretable et confirme pourquoi notre pays est mal gouiverné.

Moralité: Au Tchad, ce sont les faiseurs de lois et ceux qui sont chargés de veiller sur leur application qui avalisent l'injustice. Pour la petite histoire, les cadres et autres agents renvoyés par Décision du Président de l'Asseblée Nationale suite aux travaux de la Commission d'audit de diplômes ont intenté une action en justice qui leur a donné raison. Mais ce n'est qu'un verdict en plus!

Bibliographie

Textes légal et règlementaires

L O n° 04/PR/14 du 02/02/ 2014 relative aux Lois de Finances

D n° 026/PR/MFE/91 du 11/04/91 fixant les rémunérations mensuelles des membres du Gouvernement.........

D n° 352/PR/PM/02 du 21/08/02 portant attributions des DAAFM

D n° 506/PR/PM/MCCGEM/04 du 20/10/04 portant nomination aux postes de responsabilités

D n° 2420/PR/PM/05 du 17/12/05 fixant seuil de passation, contrôle et approbation de marchés publics ;

D n° 696/PR/PM/05 du 20/09/05 portant modalités et procédures de contrôles ;

D n° 784/PR/PM/MFI/06 du 23/08/06 portant création, organisation et attributions des organes chargés de la mise en œuvre du PAMFIP

D n° 1041/PR/PM/MFEP/06 du 17/11/06 portant nomination aux postes de responsabilités

D n° 923/PR/PM/MFB/15 du 05/04/15 portant nomination aux postes de responsabilités ;

A n° 228/MF/SG/05 du 20/10/05 portant nomination d'un Coordonnateur par intérim au **STP.**

A n°588/PR/PM/MFEP/SG/STP/06 du 12/12/06 portant mise à disposition des cadres au STP;

A n° 036/PR/PM/MFI/IGF/07 du 20 mars 2007 portant désignation de l'Inspecteur Général des Finances auditeur interne:

A n°288/PR/PM/MFI/SG/07 du 18/08/07 accordant des indemnités de responsabilités au Coordonnateur du PAMFIP;
Décision n°177/MFE/CAB/04 du 09 décembre 2004 portant désignation des membres du STP; :
Décision n°115/PAN/Q/SG/DGSAL/DRH/SGP/16 du 23 mai 2016 pôrtant désignation d'un Assistant parlementaire à la Commission Finances,
Décision n°159/PAN/Q/SG/DGSAL/DRH/SGP/17 du 06/10/17 portant nomination d'un Directeur de Budget et de la Comptabilité publique de l'Assemblée Nationale;
Décision n°171/PAN/Q/SG/DGSAL/DRH/SGP/17 du 03/11/17 portant remise à la disposition du Ministère des Finances et du Budget

Autres documents

Accord de don IDA du 22 Décembre 2007
Convention n° 9657 CD Union Européenne du 12 mai 2007
Code des marchés publics au Tchad
Directive du cadre harmonisé de la gestion des Finances publiques en zone CEMAC
Protocoles d'Accord du 04/10/10 portant transfert du CID et du SIGASPE
Convention portant Don de la BAD pour la préparation de l'atteinte du point d'achévement de l'IPPTE.
Rapport synthèse d'audit de 9 ministères pilotes au Tchad 2004 cabinet: MAZARS
Fascicules budgétaires 2006 à 2014;
Brochure PAMFIP juillet 2005;
Note de stratégie de la mise en oeuvre du PAMFIP du 11/05/07:

Rapport de mission de Contrôle de l'hôtel Novotel: MCCGEM Février avril 2005;

Synthèse du rapport de mission de contrôle de la gestion financière, materielle et du personnel du Ministère des Finances fevrier 2014: MAPBG

Rapport d'évaluation finale : LINPICO octobre 2012

Manuel de procédures administratives, financières, budgétaires et comptables

Lettre du groupe de la Banque Mondiale Réf 282/12/12/14/AC/pz du 09/12/14

Légende : L O – Loi organique D- Décret, A- Arrêté

ANNEXES

1. Ordres de mission dupliqués
2. Demandes de prolongations de missions par les Ministres
3. Note au Ministre des Finances
4. Plainte et lettre de suspension
5. Lettre de maintien au poste signée du Ministre des Finances
6. Demande d'émission d'ordre de recettes
7. Ordonnance de renvoi du Juge d'instruction
8. Requête des Avocats adressés au Ministre des Finances
9. Expédition de jugement
10. Compte rendu tardif du Ministre des Finances au Chef du Gouvernement
11. Article de Ndjaména Hebdo
12. Article de l'Observateur

*****

MINISTERE DE L'ASSAINISSEMENT PUBLIC ET DE LA PROMOTION DE LA BONNE GOUVERNANCE

******

SECRETARIAT GENERAL

****

DIRECTION GENERALE DU CONTROLE D'ETAT

****

[illegible]

الإدارة العامة لل[illegible] الدولة

N° ______/PR/PM/MAPPBG/SG/DGCE/13

ORDRE DE MISSION N° 129 /MA[illegible]/SG/DGCE/13

Il est ordonné à Messieurs :

- KOULAMAYE DILLAH — Chef de mission ;
- BOURKOU ELHADJ DEDE — Membre ;
- ADOUM TOGOU ELIMI — Membre ;
- HASSAN SOULEYMAN [illegible] — Membre ;
- HISSEIN OUSMAN SA[illegible] — Membre ;
- HABIB ABOUBAKA[illegible] — Membre ;
- ABDERAMAN AD[illegible]OUL — Membre ;
- MAHAMAT AL-[illegible] — Membre ;
- KHADIDJA PL[illegible] PAYOUMI — Membre.

De se rendre au : Ministère d[illegible]s et du Budget

Objet de la mission : Contr[illegible]estion Financière, Matérielle et de Ressources Hu[illegible]ur l'Exercice 2013

Date de départ : 1[illegible]cembre 2013

Date de retour : [illegible] Janvier 2014

Moyen de trans[illegible]t : Véhicule Administratif

Imputation [illegible]e : Budget Etat

N'Djaména, le 12 DEC 2013

Le Ministre de l'Assainissement Public et de la Promotion de la Bonne Gouvernance

ABDERAMAN SALLAH

REPUBLIQUE DU TCHAD
*****
PRESIDENCE DE LA REPUBLIQUE
*****
PRIMATURE
*****
MINISTERE DE L'ASSAINISSEMENT PUBLIC ET DE LA PROMOTION DE LA BONNE GOUVERNANCE
******
SECRETARIAT GENERAL
****
IRECTION GENERALE DU CONTROLE D'ETAT
****

Unité-Travail-Progrès
وحدة – عمل – تقدم

جمهورية تشاد
رئاسة الجمهورية
رئاسة الوزراء
الإدارة العامة [illegible] للدولة

N° ______/PR/PM/MAPPBG/SG/DGCE/13

ORDRE DE MISSION N° 129 /MAPPBG/SG/DGCE/13

Il est ordonné à Messieurs :

- OUMAR ABDERAMAN HASSAN [illegible] Chef de mission Adjoint ;
- DOGUIM YONDE Membre ;
- YEDITA NADYAM Membre ;
- MAHAMAT NOUR AHMAT [illegible] Membre ;
- WARROU MALLAME Membre ;
- BECHIR ADJAFFA ABBA [illegible] Membre ;
- Mme KHADIDJA SAKI[illegible] Membre ;
- IDRISS MOUSTAPHA [illegible] Membre ;
- NADJI EMMANUEL Membre ;

De se rendre au : Ministère des Fin[illegible] du Budget

Objet de la mission : Contrôle de la Gestion Financière, Matérielle et de Ressources Humaines pour l'Exercice 2013

Date de départ : 12 Décembre 2013

Date de retour : 30 Janvier 2014

Moyen de transport : Véhicule Administratif

Imputation budgétaire : Budget Etat

C. Adjte
Accueillir cette mission et demander à toute l'équipe de collaborer pour le déroulement de la mission.
Thanks pour les informations financières
22/12/13

N'Djamena, le 12 DEC 2013

Le Ministre de l'Assainissement Public et de la Promotion de la Bonne Gouvernance

ABDERAMAN SALLAH

REPUBLIQUE DU TCHAD – Unité - Travail - Progrès – Le Ministre

REPUBLIQUE DU TCHAD

MINISTERE DES FINANCES & DU BUDGET

SECRETARIAT D'ETAT

SECRETARIAT GENERAL

SECRETARIAT TECHNIQUE PERMANENT – PAMFIP

N° 396 /MFB/SE/SG/STP-P/11

*Unité * Travail * Progrès*

N'Djaména, le 09 AOUT 2011

Le Ministre des Finances et du Budget

À

Monsieur le Ministre de l'Economie
et des Finances
du Burkina FASO

Monsieur le Ministre et Cher frère,

Il vous a plu d'autoriser le Comité d'experts de votre pays à effectuer la troisième mission au Tchad dans le cadre des protocoles d'Accord portant mise à jour du CID et transfert du SIGASPE que nous avons signés.

Je me réjouis de cette marque de confiance et vous rassure que les prestations de vos techniciens se font avec professionnalisme et dévouement conformément au chronogramme convenu. Ainsi la troisième mission commencée le 18 juillet 2011devrait se terminer le jeudi 11aout courant.

Comme vous le savez, plusieurs évènements de portée nationale sont intervenus dans la première quinzaine du mois d'aout cette année au Tchad ; ce qui a légèrement perturbé le calendrier prévisionnel de travail de nos collaborateurs.

Convaincu de votre prédisposition à nous appuyer dans le programme de réforme en cours, j'ai demandé à vos techniciens de différer leur retour jusqu'au 16 aout 2011 pour rattraper le retard, pour lequel ils ne sont pas comptables, afin d'achever la phase des travaux entrepris.

Je vous prie, Monsieur le Ministre et cher frère d'agréer l'expression de ma parfaite considération et d'excuser ce désagrément

GATA NGOULOU

REPUBLIQUE DU TCHAD

MINISTERE DES FINANCES & DU BUDGET

SECRETARIAT D'ETAT

SECRETARIAT GENERAL

SECRETARIAT TECHNIQUE PERMANENT / PAMFIP

N° 327 /MFB/SE/SG/STP-P/11

*Unité * Travail * Progrès*

N'Djaména, le 08 JUIL 2011

Le Ministre des Finances et du Budget

À

Monsieur le Ministre de l'Economie
et des Finances
du Burkina FASO

Monsieur le Ministre et Cher frère,

Je viens de recevoir le courrier m'annonçant l'arrivée de vos collaborateurs au Tchad pour la poursuite des travaux, objet des protocoles d'accord que nous avons signés dans le cadre de la coopération sud-sud pour la révision du CID et le transfert du SIGASPE.

C'est avec beaucoup d'enthousiasme que je marque mon accord pour cette mission dont les premières se sont déroulées à mon entière satisfaction et je vous remercie personnellement pour l'attention soutenue prêtée à la mise en œuvre de nos engagements.

Compte tenu de mon empressement pour l'aboutissement de ce chantier j'aurais voulu que le chronogramme soit tenu et que la présente mission vienne le11 juillet comme vous vous venez de me le signaler. En raison du manque de place sur les vols en direction et au départ de N'Djamena pendant cette période de pèlerinage, je fais prendre les dispositions pour le **18 juillet courant au lieu du 11.**

En m'excusant de ce décalage indépendant de ma volonté, veillez agréer, Monsieur le Ministre et cher frère, l'expression de ma parfaite considération.

REPUBLIQUE DU TCHAD * UNITÉ - TRAVAIL - PROGRÈS * MINISTERE DES FINANCES ET DU BUDGET * Le Ministre

GATA NGOULOU

REPUBLIQUE DU TCHAD

MINISTERE DES FINANCES ET DU BUDGET

SECRETARIAT D'ETAT

SECRETARIAT TECHNIQUE PERMANENT- PAMFIP

N° 300 /MFB/STP-P/13

*Unité * Travail * Progrès*

N'Djaména, le 25 JUIL 2013

Le Ministre des Finances et du Budget de la République du Tchad

À

Monsieur le Ministre de l'Economie et des Finances du Burkina Faso

Objet : Mise en exploitation du SIGASPE

Monsieur le Ministre et Cher Frère,

Les équipes d'experts commises par vos soins pour la réécriture du Circuit Informatisé de la Dépense **(CID)** et le transfert du Système Intégré de Gestion Administrative et Salariale du Personnel de l'Etat **(SIGASPE)** accomplissent bien leur mission conformément aux dispositions des protocoles signés entre nos deux pays en **octobre 2010**.

Lors de la 8ème mission, vos collaborateurs avaient identifié un certain nombre de prérequis que doit remplir la partie Tchadienne avant la poursuite des travaux pour la mise en exploitation du **SIGASPE**. Des raisons indépendantes de notre volonté ont retardé la réalisation de ces prérequis perturbant ainsi le déroulement du programme de travail que nous avons convenu.

Je vous demande de bien vouloir excuser ces perturbations et sollicite à nouveau votre appui pour le déplacement au Tchad du Coordonnateur des Comités d'experts, de deux ingénieurs maitrisant le logiciel **SIGASPE** et deux fonctionnels pour travailler avec mes services et procéder à la formation des utilisateurs de la fonction publique en vue de la mise en exploitation de cet outil en **septembre** prochain.

Je vous suggère, si vous en avez convenance, que le voyage puisse avoir lieu dès le début du mois **d'aout 2013** et vous saurais gré de me faire savoir votre avis afin de me permettre de faire prendre les dispositions nécessaires.

Veuillez agréer, Monsieur le Ministre et Cher Frère, l'expression de ma parfaite considération.

ATTEIB DOUTOUM

République du Tchad – Unité – Travail – Progrès – Ministère des Finances et du Budget – Le Ministre

REPUBLIQUE DU TCHAD

MINISTERE DES FINANCES & DU BUDGET

SECRETARIAT D'ETAT

SECRETARIAT GENERAL

SECRETARIAT TECHNIQUE PERMANENT – PAMFIP

N° 229 /MFB/SE/SG/STP-P/12

*Unité * Travail * Progrès*

N'Djaména, le 14 ... 2012

À

Monsieur le Ministre de l'Economie et des Finances du Burkina FASO

Objet : **7ème mission des Experts Burkinabé pour l'appui à la révision du CID**

Monsieur le Ministre et Cher Frère,

La révision du Circuit Informatisé de la Dépense (**CID**) et le transfert du Système Intégré de Gestion Administrative et Salariale du Personnel de l'Etat (**SIGASPE**), objet de nos protocoles d'accord signés en **octobre 2010**, se poursuivent à mon entière satisfaction.

En **janvier** dernier, à ma demande, il vous a plu d'autoriser vos collaborateurs à prolonger leur séjour au Tchad pour aider mes services à finaliser la préparation du Budget sur la nouvelle plate-forme en ce qui concerne le **CID**.

Je tiens à vous adresser mes fraternels remerciements pour la compréhension que vous manifestez chaque fois à mes requêtes dans le cadre de notre coopération sud-sud et vous réitère ma demande, par la présente, pour la poursuite de la mission conformément au chronogramme de travail convenu.

En effet, le budget pour la gestion **2012** est bien préparé sur la nouvelle plate-forme du **CID** mais le système reste encore à stabiliser et les services utilisateurs ont, à mon avis, besoin d'un appui additionnel pour maîtriser l'outil.

Pour toutes ces raisons, j'ai l'honneur de vous demander de bien vouloir dépêcher à N'Djaména l'équipe chargée de la mise en œuvre des protocoles d'accord susvisés de préférence au courant du **mois de juillet** à la date qui vous convient.

Je vous prie d'agréer, Monsieur le Ministre et cher Frère, l'expression de ma parfaite considération.

Le Ministre des Finances et du Budget

P.i Le Ministre du Plan, de l'Economie et de la Coopération Internationale

KORDJE BEDOUMRA

*Unité * Travail * Progrès*

REPUBLIQUE DU TCHAD

MINISTERE DES FINANCES & DU BUDGET

SECRETARIAT D'ETAT

SECRETARIAT GENERAL

SECRETARIAT TECHNIQUE PERMANENT – PAMFIP

N°009/MFB/SE/SG/STP-P/12

N'Djaména, le 11 JAN 2012

Le Ministre des Finances et du Budget

À

Monsieur le Ministre de l'Economie et des Finances du Burkina FASO

Monsieur le Ministre et cher Frère,

Au seuil du nouvel an, je me fais l'agréable devoir de présenter à vous-même, à votre famille et à tous ceux qui vous sont chers mes vœux les meilleurs pour l'année 2012. Que cette année soit également pour nos deux pays une année de prospérité et de succès afin que se raffermissent d'avantage nos relations de coopération sud-sud.

Je saisis cette occasion pour vous exprimer en mon nom propre et au nom du Gouvernement les remerciements les plus sincères pour les diligences avec lesquelles vous êtes entrain de faire mettre en œuvre les deux protocoles d'Accord portant respectivement révision du **CID** et transfert du **SIGASPE**.

Comme les autres fois, vous avez bien voulu dépêcher deux de vos collaborateurs, suite à ma correspondance **n°307/MFB/SE/SG/STYP-P/11** du 21 Décembre 2011 pour aider mes services à finaliser la préparation du Budget 2012 sur la nouvelle plateforme.

Depuis le 26 Décembre dernier, vos experts sont entrain d'appuyer, avec professionnalisme, mes services pour produire le fascicule budgétaire; mais le volume de travail ne nous a pas permis de sortir le document dans le délai initialement imparti.

Un temps additionnel est apparu nécessaire ; sauf objection de votre part, il leur est demandé de rester jusqu'au 14 janvier 2012 pour boucler le traitement du budget. Je ferai prendre les dispositions pour leur retour dès le **15** du mois courant.

En vous demandant d'excuser ce report je vous prie d'agréer Monsieur le Ministre et cher Frère, l'expression de ma parfaite considération.

REPUBLIQUE DU TCHAD · UNITE · TRAVAIL · PROGRES · MINISTERE DES FINANCES ET DU BUDGET · Le Ministre

Christian Georges DIGUIMBAYE

REPUBLIQUE DU TCHAD

MINISTERE DES FINANCES ET DU BUDGET

SECRETARIAT D'ETAT

SECRETARIAT TECHNIQUE PERMANENT- PAMFIP

N° 012 /MFB/SE/STP-R/14

Unité * Travail * Progrès

N'Djaména, le 13 FEV. 2014

PAMFIP pour le

j'ai pris connaissance de

ce courrier. Je souhaite que

ceci soit versé au rapport

14/02/14

Note

À

L'attention de Monsieur le Ministre des Finances et du Budget

Objet : Redressement fiscal au PAMFIP

Dans le cadre de la réforme des Finances publiques en cours, plusieurs partenaires ont apporté, à l'Etat, des contributions financières permettant l'acquisition des équipements matériels et mener des études. Les conventions de Dons signées entre l'Etat et ses partenaires mentionnent bien souvent que ces financements sont en hors taxe.

De manière systématique, les contrats de recrutement des consultants et tous les marchés pour l'acquisition des équipements sont transmis, suivant **le mécanisme de fiscalisation des marchés publics, guide du soumissionnaire**, à la Commission fiscale qui détermine un montant forfaitaire, conformément à la loi des finances, à la charge de l'adjudicataire.

Ce montant est payé pour enregistrement du marché aux services des domaines et ce n'est qu'après cette formalité que les prestations peuvent commencer et le Consultant ou le fournisseur pourra prétendre à son du selon les termes contractuels.

Ni la Commission fiscale, ni la COJO et moins encore l'OCMP n'ont fait savoir qu'il existe un autre impôt exigible des contractants non résidents qui pour l'essentiel ne séjournent sur le territoire national qu'un ou deux mois. Mieux le mécanisme de fiscalisation des marchés publics précise que pour les contrats dont la durée est inférieure à six mois, le soumissionnaire n'est soumis à aucune formalité.

La mission de Contrôle de Gestion financière matérielle et des ressources humaines diligentée au Ministère des Finances et du Budget par le Ministère de l'Assainissement Public et de la Promotion de la Bonne Gouvernance vient de notifier, via la Coordination du PAMFIP, des redressements d'impôts dus par les Consultants expatriés ayant bénéficié des contrats de deux à trois mois en 2013.

De même, les cadres informaticiens recrutés sur financement de la Banque mondiale ont été sommés par la mission de régulariser en quarante et huit heures leurs situations fiscales majorées des pénalités de retard, parce que leurs contrats étaient nets d'impôt, sous peine de poursuite.

Exiger à tout prix des impôts aux consultants quelque soit la nature et la durée des contrats risque de rendre difficile la mobilisation de l'expertise extérieure pourtant indispensable dans la phase actuelle où l'informatisation des services oblige à faire appel aux cabinets étrangers. Même si l'équipe juge bon de faire de redressements des impôts, la base et le taux retenus sont inexacts.

En effet, **l'article 846 bis** du Code Général des Impôts (CGI) précise que les personnes physiques et morales n'ayant pas de résidence fiscale au Tchad et exécutant des marchés de service financé de l'extérieur sont soumises à une retenue à la source libératoire de **12,5%** et non **12%** du montant net du

COURRIER ARRIVEE
Le 14 FEV 2014 S/N 0956 M.F.

Arrivée le : 17 FEV. 2014
Enregistré sous le N° : 055 STP-PAMFIP

contrat, déduction des frais de mobilisation et de démobilisation. Au cas où il y aurait redressement à opérer, il faudra tenir compte d'une part de la nature et terme des différents contrats et d'autre part des dispositions de l'article ci-dessus cité

En raison du caractère sensible du problème parce que les financements IDA sont en hors taxe et de la réaction négative des consultants qui ne seront certainement pas enthousiastes de venir au Tchad et supporter des impôts dont ils ignorent l'existence; il nous semble prudent de recueillir votre avis avant de faire suivre, si nécessaire, la notification aux destinataires.

En tout état de cause, l'objet de la mission n'est pas d'opérer un redressement fiscal mais de s'assurer si les ressources financières, matérielles et humaines du Ministère sont bien utilisées en 2013. Il vous est suggéré la saisine du Ministre en charge de l'Assainissement public et de la Promotion de la Bonne Gouvernance pour reconsidérer les conclusions de la mission qui risquent de rendre peu attractifs les Consultants pour les études au Tchad.

Le Coordonnateur du PAMFIP

Dimanko NGOMIBE

Copie : SEFB

41

REPUBLIQUE DU TCHAD
*****
PRESIDENCE DE LA REPUBLIQUE
*****
PRIMATURE
*****
MINISTERE DE L'ASSAINISSEMENT PUBLIC ET DE LA BONNE GOUVERNANCE
******
SECRETARIAT GENERAL
******
DIRECTION GENERALE DES ETUDES, DE LA LEGISLATION ET DU CONTENTIEUX
******
DIRECTION DU CONTENTIEUX ECONOMIQUE ET FINANCIER

Unité –Travail-Progrès
وحدة – عمل – تقدم
****

جمهورية تشاد
*****
رئاسة الجمهورية
*****
رئاسة الوزراء
*****
وزارة التطهير العام وترقية الإدارة الرشيدة
*****
إدارة الموارد البشرية

N°: 343 /PR/PM/MAPBG/SG/DGELC/DCEF/14

N'Djaména, le 17 OCT 2014

LE MINISTRE DE L'ASSAINISSEMENT PUBLIC ET DE LA BONNE GOUVERNANCE

A

MONSIEUR LE PROCUREUR DE LA REPUBLIQUE PRES LE TRIBUNAL DE GRANDE INSTANCE DE N'DJAMENA

<u>Objet</u> : Plainte contre Messieurs :

1- **SEID IDRISS**, agent du Ministère des Affaires étrangères et de l'Intégration Internationale ;
2- **BRAHIM MAHAMAT**, consultant au Centre Informatique ;
3- **TCHARI ALI**, représentant du service matériel ;
4- **MAHAMAT ABAKAR**, représentant du service matériel ;
5- **HASSAN MOUSSA**, représentant de la Direction de la Dette ;
6- **MOTTA HAKIMA**, chef de Division Financière et de la Performance ;
7- **MBAIADOUM NICOLAS**, représentant du Contrôle Financier,
8- **MAHAMAT SALEH BICHARA**, représentant du service Matériels ;
9- **ISSA ABAKAR**, représentant du contrôle financier ;
10- **MAHAMAT SALEH BACHAR**, chef de service matériel ;
11- **YACOUB ABDEL-KERIM**, chef de Division matérielle ;
12- **MAHAMAT ADOUM DJAYA** et **ABDALLAH DJOSSOUBO** ;
13- **ABAKAR OUTMAN**, ex chef de service Administratif et Financier du Ministère des Affaires Etrangères et de l'Intégration Africaine

- MAHAMAT ADOUM DJAYA et ABDALLAH DJOSSOUBO n'ont pu justifier respectivement les sommes de 16 500 000 FCFA et 10 584 000 FCFA représentant une partie de la subvention allouée pour l'organisation des sommets conjoints APGMV/CILSS.

- ABAKAR OUTMAN a disposé de la somme de 11 607 675 FCFA représentant le reliquat de la subvention allouée pour l'organisation de la conférence des Ministres des Affaires étrangères sur l'architecture africaine de paix et de sécurité.

- DINANKO NGOMIBE doit répondre des paiements indus qu'il a effectués au profit des experts Bourkinabè à hauteur de 59 450 000 FCFA. Il doit par ailleurs rembourser la somme de 7 980 000 FCFA représentant les salaires indument perçus.

Tous ces faits constatés sont prévus et réprimés par l'Ordonnance n° 011/PR/12 du 15 juin 2012, portant Régime de Prévention et de Répression de la Corruption et Infractions Assimilées ou connexes en République du Tchad et le Code Pénal.

De ce qui précède, conformément aux dispositions du Décret n°283/PR/PM/2014 du 02 Mai 2014, portant Structure Générale du Gouvernement et Attributions de ses membres, nous vous saisissons de cette plainte contre le sus nommé pour qu'ils
réponde de ses actes devant la juridiction compétente afin que justice soit rendue.

Par ailleurs, nos services compétents sont instruits pour formuler les éventuelles demandes en réparation du préjudice subi par l'Etat.

Sous toutes réserves

ABDERAMAN SALAH

REPUBLIQUE DU TCHAD
*****
PRESIDENCE DE LA REPUBLIQUE
*****
PRIMATURE
*****
MINISTERE DE L'ASSAINISSEMENT PUBLIC ET DE LA PROMOTION DE LA BONNE GOUVERNANCE
******
SECRETARIAT GENERAL
******
DIRECTION GENERAL DU CONTROLE D'ETAT
******
Mission de contrôle de la gestion financière, matérielle et des ressources humaines du Ministère des finances et du Budget

Unité -Travail- Progrès
وحدة – عمل – تقدم
****

جمهـــورية تشـــاد
*****
رئاســة الجمهـــورية
*****
رئاســة الـــوزراء
*****
وزارة التطهـــير العـــام
وترقيــة الإدارة الرشيـــدة
*****
الأمـــانة العـــامـــة
*****
الإدارة العامة لمحاربة الرشوة
وترقية الإدارة الرشيدة

N° 368/PR/PM/MAPBG/SG/DGCE/14

Monsieur le Coordonnateur du PAMFIP
Ministère des Finances et du Budget
N'Djaména

Objet : Suspension des fonctions

En dépit des injonctions adressées au personnel, aux membres du Comité de pilotage et à la Coordinatrice Adjointe du PAMFIP en vue du remboursement du trop perçu relatif au paiement des indemnités mensuelles indues, la mission constate avec regret que non seulement celles-ci continuent à être versées mais leur montant a été revu à la hausse en 2014.

Le constat résultant de ces irrégularités devrait logiquement vous amener à surseoir au paiement de ces indemnités en attendant les conclusions de la mission.

En agissant ainsi, vous semblez ne pas mesurer la gravité de vos actes qui causent d'énormes préjudices financiers à l'Etat. Cette attitude qui s'analyse en un mépris vis-à-vis de la mission et de la gestion de la chose publique, justifie la prise de mesures conservatoires.

Par conséquent, afin de préserver les intérêts légitimes de l'Etat et en vertu des dispositions de l'article 30 du Décret N°696/PR/PM/MCCGEM/05 du 20 Septembre 2005, la mission vous notifie par la présente que vous êtes suspendu de vos fonctions de Coordonnateur du PAMFIP à compter de ce jour 15 Septembre 2014 jusqu'à nouvel ordre.

Ndjamena, le 12 Septembre 2014.

Le Chef de Mission

KOULAMAYE DILLAH

Copies :
- MAPBG (ATCR)

15 SEP 2014

RÉPUBLIQUE DU TCHAD

****

PRÉSIDENCE DE LA RÉPUBLIQUE

****

PRIMATURE

****

MINISTERE DES FINANCES ET DU BUDGET

****

DIRECTION DE CABINET

N_197_PR/PM/MFB/DC/2014

UNITÉ - TRAVAIL - PROGRÈS

N'Djaména, le 15 SEPT 2014

A

Monsieur le Ministre de l'Assainissement Public et de la Bonne Gouvernance

Objet : ***Maintien du Coordonnateur du PAMFIP à son poste***

Faisant suite à votre lettre référencée n°229/PR/PM/MAPBG/SG/DGCE/2014 en date du 12 septembre 2014 et suite à nos entretiens, Monsieur DINANKO NGOMIBE, Coordonnateur du PAMFIP, est autorisé, avec votre accord, à rester à son poste jusqu'à nouvel ordre. Je confirme qu'il va collaborer pleinement avec la mission de contrôle.

Je vous prie de croire, Monsieur le Ministre, à l'assurance de ma parfaite considération.

Le Ministre des Finances et du Budget

RÉPUBLIQUE DU TCHAD * UNITÉ - TRAVAIL - PROGRÈS * MINISTÈRE DES FINANCES ET DU BUDGET * Le Ministre

BEDOUMRA KORDJE

Copie :

- Chef de Mission
- Coordonnateur du PAMFIP

REPUBLIQUE DU TCHAD

PRESIDENCE DE LA REPUBLIQUE

PRIMATURE

MINISTERE DE L'ASSAINISSEMENT PUBLIC ET DE LA PROMOTION DE LA BONNE GOUVERNANCE

SECRETARIAT GENERAL

DIRECTION GENERALE DU CONTROLE D'ETAT

Mission de Contrôle de la Gestion Financière, Matérielle et des Ressources Humaines du Ministère des Finances et du Budget

Unité-Travail-Progrès

N'Djaména, le 04 JUIN 2014

N° 282/PR/PM/MAPPBG/SG/DGCE/2014

Monsieur le Ministre des Finances
Et du Budget
N'DJAMENA

Objet : Demande d'établissement d'ordre de recette

Réf. : Lettre n° 142/MAPPBG/SG/DGCE/2014 du 7 avril 2014

Par lettre ci-dessus référencée et dont une copie vous a été adressée pour information, l'équipe chargée du contrôle de la gestion financière, matérielle et des ressources du Ministère des Finances et du Budget a demandé au Trésorier Payeur Général, le reversement de la 2ème tranche de la subvention accordée au projet PAMFIP pour des raisons bien évidentes.

Malheureusement à ce jour, nous constatons que cette opération n'est toujours pas effectuée parce que, selon les responsables du Trésor, les instructions ne leurs sont pas parvenues.

Aussi, pour permettre à la mission de boucler ses travaux, je vous demande de bien vouloir autoriser vos services compétents afin d'émettre un ordre de recettes du montant correspondant (**1 002 000 000 FCFA**) en régularisation de l'opération.

Veuillez agréer Cher Collègue, l'assurance de ma très Haute considération.

Le Ministre de l'Assainissement Public et de la Promotion de la Bonne Gouvernance

ABDERAMAN SALAH

Arrivée le : 09 JUIN 2014
Enregistré sous le 189 ..... STP-PAMFIP

COURRIER ARRIVEE
Le 05 JUIN 2014 S/N° 2847 M.F:

COURRIER ARRIVEE
le 05 JUIN 2014
N° 1833/SG/MFB

REPUBLIQUE DU TCHAD UNITE-TRAVAIL-PROGRES
COUR D'APPEL DE N'DJAMENA
TRIBUNAL DE GRANDE INSTANCE DE N'DJAMENA
2ème CABINET D'INSTRUCTION
RI 69/2014

ORDONNANCE DE RENVOI DEVANT LE TRIBUNAL CORRECTIONNEL

Nous, **ADAM MBODOU ADAM**, Juge d'instruction du 3ème Cabinet,
Vu les pièces de l'information suivie contre :
DINANKO NGOMBIE OUGANGAR, né en 1954 à Takolo/ Bessada, fils de Ougangar Djibraini et de Walimta Naiban, fonctionnaire, marié et père de 3 enfants, de nationalité tchadienne, domicilié à N'djaména, sans condamnation antérieure ;
Inculpé de détournement des deniers publics et de concussion ;
Vu le réquisitoire définitif du Procureur de la République aux fins de renvoi devant le Tribunal Correctionnel et de Simple Police pris en date du 16 Mars 2015 ;
Attendu que de l'information il résulte les faits suivants : courant décembre 2013, une équipe du Ministère de l'assainissement public et de la promotion de la bonne gouvernance avait effectué une mission de contrôle des exercices budgétaires de l'année 2013 au Ministère des finances et du Budget. A l'issue des investigations, il est reproché au sieur DINANKO NGOMIBE coordonnateur du PAMFIB d'avoir accordé à des experts Burkinabé des frais de mission au delà des jours indiqués sur leurs ordres de mission et dont le montant se chiffrait à 59.450.000 FCA. Il lui est également reproché d'avoir perçu des indemnités de responsabilité d'un montant total de 7 980 000 FCFA en sus des indemnités de responsabilité de 700 000 francs à lui accordé par un arrêté du ministre des Finances et du Budget. Sur plainte du Ministre de l'Assainissement Public et de la promotion de la bonne gouvernance, il a été poursuivi pour détournement des deniers publics et concussion, faits prévus et punis par la l'ordonnance 11/PR/12 et par l'article 228 du code de procédure pénale.
Inculpé de ces chefs d'infraction, Dinanko Ngomibé Ougongar ne reconnait pas les faits à lui reprochés. Il soutient qu'il a été nommé coordonnateur du PAMFIP en novembre 2006 ; que de 2006 à 2007 il ne percevait pas des indemnités de responsabilité comme les autres nommés dans le même décret que lui ; qu'il les avait réclamé au niveau de la solde mais il ne les avait pas obtenu ; que c'est ainsi que sur proposition du comité de pilotage le Ministre des Finances lui a accordé des indemnités de responsabilité de 700 000 francs par décret ; qu'il avait donc oublié les indemnités que la solde verse aux responsables des finances ; que dès lors il s'est donc contenté de ces indemnités

accordées par le Ministre et payées par le projet ; qu'il a fallu que la mission de contrôle effectue ses investigations pour qu'à son niveau, il s'aperçoive qu'il percevait doublement des indemnités, celle acquise au titre du projet PAMFIP ainsi que celle versée par la solde et dont le montant se chiffre à 7.980.000 FCFA ;

S'agissant du paiement des indus des experts burkinabé à hauteur de 59.450.000 F CFA qui lui est reproché, il soutient qu'il ne s'est rendu coupable d'aucune irrégularité. Il affirme que pour accompagner le gouvernement dans sa politique de modernisation des finances publiques, un protocole d'accord a été signé avec le Burkina Faso, permettant le déploiement au Tchad de plusieurs experts burkinabé qui y ont effectué 12 missions à la demande écrite soit du Ministre des Finances soit de la Fonction Publique ; qu'à chaque mission, les différents ministres concernés ont sollicité et obtenu la prolongation du séjour de ces experts, induisant naturellement à leur profit un complément d'indemnités qui se chiffre à 59.450.000 FCFA ; qu'au cours de ses investigations, la mission de contrôle n'a pas tenu compte de ces paramètres avant de boucler son rapport, lui ôtant ainsi toute possibilité d'apporter les justificatifs nécessaires.

Attendu que l'inculpé dit n'être pas au courant que la solde lui versait des indemnités à partir de 2009 ;

Attendu que cet argument ne peut tenir car, il ne pouvait ignorer le montant de son salaire mensuel ; que si à un certain moment son salaire a augmenté substantiellement alors qu'il n'avait bénéficié d'aucune augmentation quelconque de son salaire, il pouvait savoir qu'il percevait indument de l'argent quelque part ; qu'il ne s'est jamais approché de la solde pour demander les raisons de l'augmentation injustifiée de son salaire ; que donc il savait très bien qu'il percevait ces indemnités à partir de 2009 ;

Mais attendu que la responsabilité ne peut lui être imputée ; que cette faute est imputable à la direction de la solde qui n'a pas pu déceler que ce fonctionnaire percevait deux indemnités de même nature; que le fait de percevoir indument des indemnité ne peut constituer un détournement des fonds publics ; que le Ministère de l'assainissement public ne peut intenter contre l'inculpé qu'une action en répétition de l'indu devant le tribunal civil ;

Attendu que l'inculpé est aussi poursuivi pour concussion pour avoir versé à des experts Burkinabé des frais de mission au-delà des séjours indiqués sur leurs ordres de mission ;

Attendu que l'article 228 du code pénal dispose que « tous fonctionnaires ou officiers publics, tous percepteurs des droits, contributions ou deniers publics, leurs commis ou préposés, qui auront reçu, exigé ou ordonné de percevoir pour droits, taxes, contributions ou deniers, ou pour salaire ou traitements, ce qu'ils savaient n'être pas dû

ou excéder ce qui était dû, seront punis d'un emprisonnement d'un an à 5 ans et, d'une amende de 500 à 1 000 000 de FCFA » ;
Attendu qu'il ressort des pièces versées au dossier que des demandes de prolongation des séjours des experts ont été faites respectivement par le Ministre de la fonction publique (correspondance n°020/PR/PM/MFPTE/SG/014 du 22 janvier 2014) et par le président du comité de pilotage (lettre n°025/SIGASPE/CP/CT/GP/2013 du 01 octobre 2013);
Mais attendu qu'il ne ressort nulle dans les pièces versées au dossier une décision du Ministre des finances autorisant la prolongation des séjours des experts ; que donc le paiement effectué par l'inculpé ne se justifie pas et par conséquent il y a concussion ;
Attendu en conséquence qu'il résulte de l'information charges suffisantes contre l'inculpé d'avoir à N'Djamena courant 2013, en tout cas depuis temps non couvert par la prescription, commis l'infraction de concussion;
Faits prévus et punis par l'article 228 du code pénal ;
Vu les articles 260 et 262 du code de procédure pénale ;
Le renvoyons devant le tribunal correctionnel et de simple police pour y être jugé conformément à la loi.

Fait en notre Cabinet, le 09 Avril 2015

Le Juge d'Instruction

ADAM MBODOU ADAM

N'Djaména le 13 Janvier 2015

A

Son Excellence Monsieur

le Ministre des Finances et du Budget

N'DJaména

Affaire : DINANKO NGOMIBE

Contre : Ministère de l'Assainissement Public

Objet : Reprise des activités

Monsieur,

A lors que, dans l'affaire reprise en marge, pendante au 3e Cabinet d'instruction, vous vous étiez opposé à l'injuste suspension de sieur DINANKO après la mission de contrôle diligentée au PAMFIP, nous avons été surpris d'apprendre que vous avez cédé aux acharnements du Ministre de l'Assainissement, suggérant que la reprise des activités soit stoppée.

Sans avoir à rappeler que la présomption d'innocence est un principe cardinal en matière pénale, autorisant et justifiant le contact établi , à sa reprise, par Monsieur DINANKO avec les nombreux partenaires, il est une violation de ce principe par votre Département qui a rétabli celui-ci, que de lui demander de rester à la maison jusqu'au jugement de l'affaire.

L'affaire en instruction prendra du temps pour être jugée et contraindre Monsieur DINANKO, en liberté provisoire à rester chez lui est une double injustice dans la mesure où plusieurs personnes dans une situation identique ont repris sans obstacle leurs activités quotidiennes. N'est ce pas faire deux poids, deux mesures ? Que devient l'Arrêté pris par le Ministère des Finances de le maintenir en service malgré la suspension prise par la mission de contrôle ?

Il ne s'agit pas de procéder par règlements de compte individuels (tant les éléments ayant permis l'ouverture de la procédure sont légers et superficiels par leur contenu), mais d'attendre dans la sérénité que la justice puisse tirer au clair la confusion quasi générale crée et entretenue par la mission de contrôle.

En espérant que vous reconsidéreriez votre position, nous vous prions de recevoir, Excellence, Monsieur le Ministre, nos vœux les meilleurs.

Pour le cabinet K. RADET Pour le cabinet N. Josué Pour le cabinet MIDDAYE Pour le cabinet ZOUA

Me RADET K. Me N. Josué Me MIDDAYE Me Sobdibé ZOUA

P.O

KODENGAR O. RADET AVOCAT A LA COUR

CABINET SOBDIBE ZOUA
Avocat au Barreau
B.P 6672 N'Djaména

REP. N° 227/2015
DU 08/06/2015

---------------------------------------EXPEDITION---------------------------------
-----DES MINUTES DU GREFFE DU TRIBUNAL DE GRANDE INSTANCE DE N'DJAMENA ; ---
-----IL EST LITTERALLEMENT EXTRAIT CE QUI SUIT : ---------------------------

JUGEMENT CORRECTIONNEL ET DE SIMPLE POLICE FD

Affaire: MP Contre **DINANKO NGOMIBE OUGANGA**
Nature du délit : CONCUSSION

A l'audience publique du Tribunal de Grande Instance de N'djamena siégeant en matière correctionnelle et de simple police tenue ce jour **08/06/2015** dans la grande salle des audiences du palais de Justice de ladite ville par :

MYASSIALBAYE HALTEBAYE, Président ;
AHMAT AL-HOUR, Procureur de la République ;
Maître YAYA MOUSSA YAYAMI, Greffier ;
LOKAÏNGOTO ANTOINE, Interprète ;

A été rendu le jugement dont la teneur suit :

ENTRE

MP :

D'UNE PART
D'AUTRE PART

DINANKO NGOMIBE OUGANGA : Né vers 1954 à Taholo/Bessada, fils de Ougongar Djirairi et de Walinta Naiban, nationalité Tchadienne, marié et père de 3 enfants, domicilié Ndjari, fonctionnaire, se dit sans condamnation intérieur ;

FAITS ET PROCEDURE

Par une ordonnance du **09 Avril 2015**, le nommé Dinanko Ngomibé, initialement poursuivi pour **« Détournement de deniers publics et concussion »** a été renvoyé devant le Tribunal Correctionnel de N'djamena, pour répondre de l'unique délit de **« Concussion »** ;

Faits prévu et réprimé par l'**article 228** du code pénal ;

En effet, il est reproché au coordonnateur du **PAMFIF** d'avoir payé, à titre frais de mission, la somme de **59.450.000 FCFA** aux experts **Burkinabé**, pour des suppléments de séjours non autorisés par le Ministre des Finances ;

Le prévenu n'a pas reconnu les faits à lui reprochés et le Ministère de l'Assainissement, partie civil ; enlisée dans une curieuse inertie, ne s'était pas présenté devant le Tribunal pour chiffrer ses réclamations ;

II. DISCUSSION

A. UNE PROCEDURE APPROXIMATIVE

Attendu que quand bien même, il peut paraitre superflu, s'agissant d'une procédure d'instruction, d'évoquer des éléments de débats qui n'intéressent pas directement le rem faisant l'objet de la saisine du Tribunal Correctionnel, il s'avère indispensable, pour l'intérêt du droit, de fustiger sans détours certains actes de l'espèce, qui ont violé les règles de procédure et, partant, porté de graves atteintes aux droits de la défense ;

Attendu qu'aux termes des qualifications pénales initialement attribuées aux faits, **Dinanko Ngomibé** est poursuivi pour **« Détournement de derniers publics et concussion »**, et la seconde infraction est passible de peines criminelles, conformément à l'ordonnance de **11** qui l'a prévue ;

Que les deux infractions étant distinctes, et leur jugement relevant de la compétence de deux juridictions de jugement différentes **(Cour Criminelle, Tribunal Correctionnel)**, la juridiction d'instruction chargée de la procédure en phase préparatoire devait, au cas où elle estime que le détournement de denier public n'est pas établi, opérer dans son ordonnance de renvoi la disqualification et la requalification, pour rejeter l'infraction non avenue et retenir celle qui, à son avis, aurait plus de chance de prospérer devant les juridictions ;

Que donc, en renvoyant le prévenu devant le Tribunal Correctionnel sans retirer l'inculpation de détournement de denier public malencontreusement imputé à lui, la juridiction chargée de l'enquête préparatoire l'a exposé à une situation juridique complexe, où le Juge Correctionnel pourrait, dans sa précipitation, faire usage de l'**article 364** du code de procédure pénale, et se déclarer incompétent à tort ;

Que revenant en phase d'enquête préliminaire, les deux ordres de mission versés au dossier, portant le même numéro, la même date, et la même signature de l'autorité compétente, avec la curieuse apparition du nom de **Koulamaye Dillah** dans le second, portent en eux les germes de tous les autres vices qui ont entaché la procédure dés le contrôle d'Etat, jusqu'à l'instruction, en passant par l'enquête préliminaire et le Parquet ;

Qu'en mettant en ampliation Monsieur **Dinanko Ngomibé** des correspondances destinées aux consultants, alors qu'il n'avait pas son nom dans la mission de contrôle, **Koulamaye Dillah** apparait dans la procédure comme l'instrument fabriqué dans l'ombre pour une mission subjective, et c'est à juste titre que la défense dans ses moyens, avait décrié un procès d'intention ;

Que par ailleurs, même revenu dans la mission par un autre ordre de même numéro et de même date le précédent **(Ce qui est proprement incohérent)**, Monsieur **Koulamaye Dillah** n'avait pas prêté serment avant de procéder aux opérations de contrôle, comme l'exigent les textes en vigueur ;

Qu'outre ces cas, non seulement le contrôle effectué contre Monsieur **Dinanko Ngomibé** avait pas obéi au principe du contradictoire, mais encore l'information judiciaire n'a pas fait état d'une confrontation entre l'inculpé, le représentant du

Ministère Public et Monsieur **Koulamaye Dillah (ayant déposé comme témoin à charge)**, faisant ainsi une grave entorse aux droits de la défense ;

B. UN FOND CREUX

Attendu que pour renvoyer le prévenu devant le Tribunal Correctionnel, le magistrat instructeur a retenu, comme unique charge, « **Qu'il ne ressort nulle part dans les pièces versées au dossier, une décision du Ministère des Finances, autorisent la prolongation de la mission des experts Burkinabé, et que par conséquent le paiement de leurs frais de mission pour ces jours prolongés ne se justifie pas** » ;

Mais attendu qu'en compulsant les pièces de la procédure, il figure au totale huit (08) demandes de prolongation de la mission des experts adressées à la coordination du **PAMFIP**, dont une (1) par le président du pilotage du **SIGASPE**, deux (2) par le Ministre de la Fonction Publique, et cinq (5) par quatre différents Ministres des Finances et du Budget, en l'occurrence Messieurs **B. Kordjé, Christian G. Ndiguimbaye, Gata Ngoulou** et **A. Doutoum** ;

Qu'aux termes de l'**article 47** aliéna **3** du code pénal, « **Il n'y a ni crime, ni délit, ni contravention, lorsque les faits ont été commis par des fonctionnaires, agents ou préposés d'une administration publique sur l'ordre de leurs supérieurs, pour des objets du ressort de ceux-ci, sur lesquels ils devaient l'obéissance hiérarchiques** » ;

Que dans le cas d'espèce, les différentes demandes injonctives de prolongation de la mission des experts **Burkinabé** ayant été adressés par des autorités compétentes, il apparait tout à fait incompréhensible que la justification des conséquences financières de cette prolongation de séjour puisse incomber **Dinanko Ngomibé**, qui n'avait agi qu'en exécutant d'ordres, et pour l'intérêt supérieur des services publics requérants ;

Attendu qu'aux termes de l'**article 361** aliéna **1** du code de procédure pénal, « **Si le Tribunal estime que le fait poursuivi ne constitue aucune infraction à la loi pénale, ou que le fait 'est pas établi, il renvoie, ou qu'il n'est pas imputable au prévenu, il renvoie celui-ci des fins de la poursuite** » ;

Que suivant l'esprit de cette disposition, injonction formelle est faites aux Tribunaux répressifs de ne prononcer des condamnations que dans les causes où les charges sont manifestes, concordantes et suffisamment établies, de façon à ne laisser aucune ombre de doute sur la culpabilité de la personne poursuivie ;

Qu'en l'espèce, la procédure enclenchée contre l'ancien coordonnateur du **PAMFIP** s'était égarée elle-même dans le dédale de ses propres contradictions, et comme il n'y a pas de déshonneur à avouer son échec, le Ministère Public s'est sauvé in extremis la face e requérant la relaxe pour infraction non constituée, alors même qu'il avait la latitude, conformément à l'**article 224** du code de procédure pénale, d'effectuer ou de faire effectuer tout complément d'enquête jugé utile avant de la décider s'il y'a lieu de mettre en mouvement l'action publique, sachant qu'en vertu du principe de la « **Présomption d'Innocence** », il n'appartient pas à la personne poursuivie de justifier son innocence, mais bien à l'autorité de poursuite d'établir la preuve irréfragable de sa culpabilité ;

PAR CES MOTIFS

Après en avoir délibéré conformément à la loi ;
Statuant publiquement et contradictoirement à l'égard des parties en matière correctionnelle et en premier ressort ;
Déclare **Dinanko Ngomibé** non coupable du délit de concussion ;
Le relaxe pour infraction non constituée et met les dépens à la charge du Trésor Public ;

Ainsi jugé et prononcé les : jour, mois et an que dessus ;
Et après lecture faite, signent le Président et le Greffier.

----POUR EXPPEDITION CERTIFIEE CONFORME A LA MINUTES---------------------
---------------------FAIT A N'DJAMENA LE 28 DECEMBRE 2015------------------
----------------------------------LE GREFFIER EN CHEF----------------------------

Me Abdoulaye Djibrine
Greffier en Chef du Tribunal de Grande Instance de N'Djaména

---------------------MAITRE ABDOULAYE DJIBRINE--------------------------

RÉPUBLIQUE DU TCHAD

PRÉSIDENCE DE LA RÉPUBLIQUE

PRIMATURE

MINISTERE DES FINANCES ET DU BUDGET

CABINET

N 003 PR/PM/MFB/DC/2016

UNITÉ - TRAVAIL - PROGRÈS

N'DJAMENA, le 11 JAN 2016

FICHE

À

La Haute Attention de Son Excellence Monsieur le Premier Ministre, Chef du Gouvernement

<u>Objet</u> : Compte rendu

L'ex Ministère de l'Assainissement Public et de la Promotion de la Bonne Gouvernance a effectué en fin **2013**, au Ministère des Finances et du Budget, une mission de Contrôle de la gestion financière, du matériel et des Ressources Humaines. Y faisant suite, plusieurs cadres dont Monsieur **Dinanko NGOMIBE** ont été incriminés et écroués à la maison d'Arrêt. La Justice saisie du dossier a relaxé l'ensemble de ces cadres du Département pour infraction non constituée.

S'agissant du cas **Dinanko** alors Coordonnateur du PAMFIP, la procédure du contrôle a été littéralement violée par les vérificateurs qui ont faussement mis à sa charge un détournement de denier public de l'ordre de **cinquante-neuf millions quatre cent cinquante mille (59 450 000) FCFA.**

En effet, dans le cadre de la mise en œuvre de deux protocoles d'Accord signés entre le **Burkina** et le **Tchad** pour la révision du **Circuit informatisé de la Dépense (CID)** et l'installation du **Système Intégré** de **Gestion Administrative et Salariale des Agents de l'Etat (SIGASPE)** les experts Burkinabé viennent prester au Ministère et leurs frais de séjour sont payés, suivant les termes de ces Accords par la Coordination du PAMFIP.

Les **59 450 000 FCFA** correspondent au paiement de frais de séjour supplémentaires des experts Burkinabé retenus au Tchad à la demande de mes prédécesseurs. Pour cette raison, le Tribunal de Grande Instance de N'Djaména siégeant en matière correctionnelle le **08 juin 2015** déclare **Dinanko** non coupable du délit et le relaxe pour infraction non constituée. Il est donc réhabilité dans ses droits administratifs.

Par la présente, j'ai l'honneur de tenir ci jointe, à la Haute Attention de votre Excellence, copie de l'Expédition du Jugement à titre de compte rendu.

Le Ministre des Finances et du Budget

RÉPUBLIQUE DU TCHAD
UNITÉ - TRAVAIL - PROGRÈS
MINISTÈRE DES FINANCES ET DU BUDGET
Le Ministre

<u>NGARLENAN DOCDJENGAR</u>

<u>PJ</u> : Copie de l'expédition

REPUBLIQUE DU TCHAD
****
PRESIDENCE DE LA REPUBLIQUE
****
PRIMATURE
****
MINISTERE DE LA FONCTION PUBLIQUE
DU TRAVAIL ET DE L'EMPLOI
****
SECRETARIAT GENERAL

N°020/PR/PM/MFPTE/SG/014

UNITE- TRAVAIL- PROGRES
****

URGENT

PAMFIP

N'Djaména, le 22 JAN 2014

Le Ministre de la Fonction Publique, du Travail
Et de l'Emploi

A

Monsieur le Ministre des Finances et du Budget

N'DJAMENA

Objet : Prolongation de la mission
d'un expert Burkinabé.

Monsieur le Ministre et Cher Collègue,

Comme vous le savez, l'exploitation du Système Intégré de Gestion Administrative et Salariale du Personnel de l'Etat est effective, avec le traitement des salaires sur l'application.

Il se trouve, cependant, que dans la chaine de production des actes administratifs, certains détails techniques méritent d'être réglés, afin d'assurer la fluidité du traitement des actes.

La résolution de ce problème ne peut se faire, en l'absence de l'expert Burkinabé, en charge de ce volet.

Or, conformément au chronogramme de la mission, tous les experts doivent rentrer à la fin de cette semaine.

Le départ, surtout de l'expert en charge de ce volet risque d'entraîner des blocages préjudiciables au bon fonctionnement du système.

C'est pourquoi, je vous saurai gré de bien vouloir instruire vos services compétents en vue de la prolongation de la mission de cet expert pour trois(3) semaines.

ABDOULAYE ABAKAR

REPUBLIQUE DU TCHAD

MINISTERE DES FINANCES & DU BUDGET

SECRETARIAT D'ETAT

SECRETARIAT TECHNIQUE PERMANENT PAMFIP

N° 298/MFB/SE/STP-P/14

*Unité * Travail * Progrès*

N'Djaména, le.............
17 JUIL 2014

Le Ministre des Finances et du Budget de la République du Tchad

À

Monsieur le Ministre de l'Economie et des Finances du Burkina Faso

Objet : Poursuite de la mise en œuvre des protocoles d'Accord Portant révision du CID et transfert du SIGASPE

Monsieur le Ministre et cher collègue,

La mission confiée à vos équipes techniques dans le cadre de notre coopération sud-sud matérialisée par la mise en œuvre des protocoles d'Accord cités en objet se poursuit très bien et les Hautes autorités tchadiennes sont satisfaites des résultats obtenus grâce notamment à l'utilisation du logiciel **SIGASPE** pour le traitement des salaires depuis **janvier 2014**.

Je profite de l'occasion pour vous exprimer les gratitudes du gouvernement et vous rassurer que mes collaborateurs commencent à se familiariser progressivement à l'usage de ces outils qui contribuent à améliorer de manière significative les performances de nos services. Vous conviendrez toutefois que l'encadrement et l'appui de vos experts, pour certains aspects spécifiques, resteront toujours utiles jusqu'à un certain temps.

Comme il a été convenu dans le chronogramme de travail, j'ai l'honneur de vous demander de bien vouloir autoriser une mission à N'Djaména pour poursuivre l'appui permettant entre autre d'opérer des ajustements résiduels, développer le module de gestion des dépenses avant ordonnancement et finaliser l'opérationnalisation de l'interface **CID-SYSTAC/SIGMA**. Cette mission pourrait comprendre cinq experts et durer deux semaines.

Dans l'attente de votre avis, veuillez agréer, Monsieur le Ministre et Cher collègue, l'expression de ma parfaite considération.

REPUBLIQUE DU TCHAD * UNITÉ - TRAVAIL - PROGRÈS * Le Ministre ... ET DU BUDGET

BEDOUMRA Kordjé

Comment Salah a eu la tête de Dinanko

Depuis deux semaines, le coordonnateur du Programme d'appui à la modernisation des finances publiques (Pamfip), Dinanko Ngomibé, est aux arrêts, sur la base des accusations fantaisistes portées par une mission diligentée par l'Assainissement public qui a violé allègrement la procédure contradictoire.

Le 18 décembre 2013, le ministre de l'Assainissement public et de la Bonne gouvernance, Abderamane Salah, diligente une mission de contrôle au ministère des Finances et du Budget. La mission est dirigée par Koulamaye Dillah, connu pour être son homme de main. Pendant une trentaine de semaines, les enquêteurs s'attèlent à contrôler et à vérifier la gestion des ressources financières, matérielles et humaines du ministère des Finances. Le 31 juillet 2014, ils bouclent leur rapport.

Au Programme d'appui à la modernisation des finances publiques (Pamfip, financé par la Banque mondiale), Dillah et consorts constatent un certain nombre d'irrégularités dans la gestion des fonds: paiement des frais de mission complémentaires à des experts burkinabés sans aucune pièce justificative, augmentation sans aucune base juridique d'indemnités à la coordonnatrice adjointe et au personnel, non-paiement des taxes et impôts sur les contrats des consultants, etc. Pour Dillah, le responsable est tout trouvé: Dinanko Ngomibé, coordonnateur du Pamfip à qui il est également reproché la perception d'indemnités de responsabilité indues d'un montant avoisinant les 8 millions F CFA.

En attendant le dépôt des conclusions définitives de la mission, le ministre des Finances et du Budget, Bédoumra Kordjé, avait déjà pris le soin, par un courrier daté

Dinanko, énième victime injustifiée de *Cobra* (Ph. DR)

reconsidérer les redressements *"sans ralentir l'élan d'information des services actuellement en cours"*. Mais Salah, lui, n'en a cure de ces sages avis. Il veut la tête de son ancien collègue Dinanko, vaille que vaille, quitte à bafouer son droit à la défense. Le coordonnateur du Pamfip dérange, lui qui est pourtant réputé apolitique, intègre et dont les efforts ont permis au Tchad d'économiser, aujourd'hui des

décret précité. Pour la première fois, Dillah feint de respecter les textes, alors qu'il a déjà bouclé son rapport deux semaines plus tôt.

Mur de silence

Dans une correspondance en date du 22 septembre, Dinanko répond point par point aux neuf cas d'irrégularités qu'on lui reproche. Il estime avoir agi *"dans le cadre des textes et de rence autant que faire se peut en adéquation avec les textes nationaux en posant les actes jugés irréguliers"*. Selon lui, les 7,9 millions F CFA correspondent à ses indemnités de Coordonnateur du Pamfip, ayant rang et privilèges de directeur au ministère des Finances; des indemnités qui lui sont d'ailleurs versées à partir de fin décembre 2009, alors qu'il avait été nommé le 17 novembre 2006. Sur la non retenue à la source des impôts et taxes dus par les consultations, il expose un argumentaire identique à celui développé six mois plus tôt par le ministre des Finances.

Mais le coordonnateur du Pamfip ne sera pas entendu ni ses explications prises en compte par la mission Dillah qui restituera ses travaux le 7 octobre au sein du ministère des Finances.

"Attaque personnelle, orientée"

Sans se lasser, Dinanko demande, au Directeur général du Contrôle d'Etat, une confrontation en contentieux avec Dillah. Mais une nouvelle fois, il se verra opposé un mur de silence. Depuis le début de l'enquête, tout est fait pour le *"pendre"*: il n'avait jamais été écouté par un enquêteur durant les huit mois qu'a duré la mission.

Le 27 mars, quatre autres membres du Secrétariat technique permanent du Pamfip, également mis en cause par la mission Dillah, avaient déjà fustigé la violation de leur présomption d'innocence et les *"menaces"* faites par ce dernier

millions F CFA dans un délai de 48 heures. *"Votre refus catégorique de donner foi aux éléments portés à votre connaissance et le degré d'acharnement à notre égard montrent à suffisance que vous auriez d'autres raisons inavouées à vous conduire ainsi"*, avaient affirmé Djimadoum Ngarastam, Japhet Doudou Beindjila, Haltengar Traoudal et Kangue Bagdandi Thomas. Les quatre collaborateurs de Dinanko avaient dénoncé une *"attaque manifestement personnelle, voir orientée, dissimulée dans cette mission de contrôle"*.

Même au sein du ministère de l'Assainissement public, la méthode Dillah est décriée. Le secrétaire général, Djamal Dirmy Haroun, n'hésite pas à le faire savoir vertement et publiquement à l'homme-lige de Salah.

Le 25 septembre, Dillah décide de jeter l'éponge. *"Face aux incessantes pressions, incompréhensions et humiliations subies de la part du Secrétaire général du ministère depuis un certain temps à cause des travaux de contrôle que je dirige au ministère des Finances, j'ai l'honneur de porter à votre connaissance que je démissionne de mon poste de Directeur de Contrôle des services financiers, fiscaux, comptables et administratifs"*, écrit-il dans une correspondance adressée à Salah. Ce n'est que pure diversion; il a réussi à servir, sur un plateau à son *"patron"*, la tête du *"Sara au visage balafré"*. Et *"reste disponible pour toute autre mission*

Société

Dinanko NGOMIBE, Coordonnateur du PAMFIP

Victime d'une cabale révoltante

Les journaux privés dans leur grande majorité ont dénoncé le fait que la restitution des travaux d'investigations menés par la mission de contrôle du ministre de l'Assainissement public et de bonne gouvernance auprès du Ministère de Finances et du Budget soit faite dans le plus grand secret. Evidemment, elle cachait des énormités orchestrées pour humilier et déshonorer les cadres compétents.

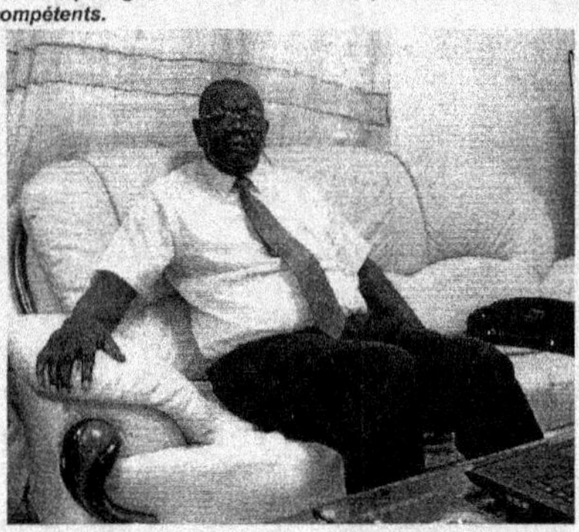

Pourquoi l'Etat continue-t-il dans cette logique de la traque des fonctionnaires et cadres compétents et consciencieux au grand dam de la loi? En effet, M. Dinanko NGOMIBE, Coordonnateur du Plan d'Action pour la Modernisation de la Gestion des Finances Publiques (PAMFIP) est depuis un peu plus d'une semaine à la Maison d'arrêt d'Amsinéné. Motifs, le Coordonnateur serait coupable de plusieurs irrégularités : Paiement de 59 450 000 FCFA aux experts Burkinabés recrutés dans le cadre du projet du Système Intégré de Gestion Administrative et Salariale du Personnel de l'Etat (SIGASPE) sans pièces justificatives ; augmentation sans base juridique d'indemnités mensuelles de responsabilité de la Coordinatrice Adjointe qui passe de 600 000 à 800 000 FCFA ; augmentation sans aucune base juridique d'indemnités mensuelles aux cadres du PAMFIP ; augmentation sans aucune base juridique d'indemnités mensuelles des membres du comité de pilotage ; la perception d'indemnités indues versées par le Trésor ; la signature de plusieurs contrats des consultants nationaux et étrangers sans respect des procédures prescrites par le code des marchés publics ; le recrutement du conseiller informatique du Ministre des Finances en violation des règles de procédures et des critères de compétence ; la non retenue à la source des droits, impôts et taxes dus par les consultants ; la surévaluation des besoins du PAMFIP qui a amené la mission à demander le reversement de la deuxième tranche de la subvention de l'exercice 2013 d'un montant de 1 002 000 000 FCFA. Toute une panoplie de griefs infondés dont le contrôle s'est effectué sans procédure contradictoire. Pourquoi ?

D'abord, pour cette mission, il y a eu deux chefs de mission Oumar Abderaman Hassan puis Koulamaye Dillah avec des ordres de mission surchargés datés du 12 décembre 2013. On ne sait pour quelle raison ? M. Dillah qui a pris la relève était loin d'être objectif et de respecter la procédure. Malgré la demande de confrontation en contentieux du Coordonnateur, ce dernier n'a jamais daigné tenir compte des éléments de réponse du coordonnateur Dinanko NGOMIBE. Pourtant, ce dernier voulait simplement être entendu.

De ce qui précède, il tient à relever que : aucun expert ne vient prester au PAMFIP à sa demande verbale et être payé sans respect de procédure et sans justificatifs. S'agissant des experts Burkinabés, les prolongations de leurs séjours se font sur instructions soit du Ministre des Finances et du Budget soit de celles du Ministre de la Fonction Publique et du Travail.

Quant à l'augmentation sans base juridique d'indemnités : il affirme que ces indemnités de responsabilité du Coordonnateur Adjoint sont fixées par Arrêté n°205/PR/PM/MFB/10 du 02 septembre 2010. Les 200 000 FCFA sont des indemnités compensatoires accordées par le Comité de Pilotage dans le budget qu'il a adopté par Décision n°003/MFB/SE/SG/STP-P du 03 mai 2012 en vertu du point 44 de la note de stratégie. Agissant pour le compte et sous la responsabilité de l'organe délibérant. Et là, il ne pense pas avoir outrepassé ses prérogatives.

S'agissant de l'augmentation sans aucune base juridique d'indemnités mensuelles aux cadres du PAMFIP : il tient à préciser aussi que ce point concerne quatre cadres supérieurs du Ministère des Finances mis à disposition par Arrêté du Ministre après sélection du dossier par le comité de pilotage et après avis de la Banque Mondiale. Pour la perception d'indemnités indues versées par le Trésor, il répond : « *N'étant ni responsable de la solde ni du Trésor, je ne suis pas la personne indiquée pour répondre à cette constatation. Je rappelle simplement que je suis nommé Coordonnateur par Décret n°1041PR/PM/MFEP/06 du 17 novembre 2006 en vertu de l'article 02 de ce texte, je pensais avoir automatiquement droit aux indemnités versées aux collègues nommés dans les mêmes conditions que moi au Ministère des Finances et du Budget. C'est pourquoi je les avais réclamées.* »

Il poursuit en ajoutant que «*la Direction de la solde a refusé de me verser ces indemnités pour des raisons qu'elle seule pourra expliquer et qu'on peut vérifier puisque c'est la mission qui m'a permis de savoir que ces indemnités ont commencé m'être versé à partir de fin Décembre 2009. Mais avant cette date,j'avais pourtant les mêmes responsabilités et la mission aurait dû me rétablir dans mes droits plutôt que d'exiger de moi un remboursement.*»

Sur la question de la signature de plusieurs contrats des consultants nationaux et étrangers sans respect des procédures prescrites par le code des marchés publics, le Coordonnateur a expliqué que «*deux types de marchés de consultants sont à signer dans le cadre des projets. Il y a le contrat de prestations intellectuelles au coût forfaitaire à soumettre à l'approbation des autorités compétentes et le contrat de travail rémunéré au mois signé par les coordonnateurs des projets après avis du partenaire en l'occurrence la Banque mondiale.*»

Pour le cas évoqué, il s'agit des contrats de travail signés avec des informaticiens, des fiduciaires et le conseiller informatique du Ministre des Finances et du Budget tous payés chaque mois.

Au sujet du recrutement du conseiller Informatique du Ministre des Finances en violation des règles de procédures et des critères de compétence, il a déclaré que « *dans le cadre du projet, il était prévu l'élaboration d'un schéma directeur informatique au Ministère des Finances et du Budget prévu pour la période 2012-2014. La Banque mondiale a suggéré au Ministre des Finances qui a accepté de recruter pour une année renouvelable un conseiller informatique qui doit être en poste avant le démarrage de l'étude. Les manifestations d'intérêt ont été régulièrement publiées et des candidats avaient soumissionné un certain Thierry Salmon retenu s'est désisté et a proposé Mr Philippe DANJON. Le profil des autres candidats sur la liste ne correspondant pas au poste selon la Banque mondiale, elle a demandé d'abandonner la procédure de recrutement après avis ouvert au profit de la négociation directe en raison du démarrage imminent des travaux du schéma Directeur. Pour ce faire, elle a exigé que le CV de DANJON lui soit envoyé pour avis.*»

Après avis de non objection de la Banque Mondiale, Mr DANJON a été recruté pour un an au terme duquel le Ministre des Finances et du Budget, en ce temps, Monsieur Christian DIGUIMBAYE a demandé à la Banque de renouveler son contrat de travail qui selon le manuel de procédure peut être signé de moi comme c'était le cas pour le contrat initial.

Malgré toutes ses justificatives, le Coordonnateur du PAMFIP a été mis aux arrêts et jeté à la maison d'arrêt comme un vulgaire délinquant. Et comble de la déraison, le chef de mission Koulamaye Dillah démissionne. La raison : «*Face aux incessantes pressions, incompréhensions et humiliations subies de la part du Secrétaire Général du Ministère de l'Assainissement depuis un certain temps à cause des travaux de contrôle que je dirige au Ministère des Finances, j'ai l'honneur de porter à votre connaissance (le ministre Abdéraman Sallah) que je démissionne de mon poste de Directeur de Contrôle dès Services Financiers, Fiscaux, Comptables et Administratifs.* » Fin de citation. Cette cabale, on l'a bien compris, s'est tissée en haut lieux, soit pour ravir le poste du coordonnateur à M. Dinanko NGOMIBE ou simplement de faire échec au projet PAMFIP qui aujourd'hui est à l'origine de la modernisation de la gestion des finances publiques. A l'heure actuelle, tous les responsables du projet sont au bagne. Voudrait-il que les morts, les fonctionnaires fictifs et les domestiques des Généraux de l'armée reviennent encore émarger sur le budget de l'Etat? Ce projet est une merveille que des hommes au pouvoir tapis dans l'ombre veulent détruire. Mais une chose est sûre, quelqu'en soit le prix à payer la vérité apparaitra un jour. Car, pour un cadre de la trempe comme le Coordonnateur Dinanko NGOMIBE, qui a été tour à tour Directeur Général du Budget au ministère des finances, Conseiller au ministre de l'Assainissement, représentant du Tchad à la COBAC...., on aurait dû faire ce contrôle dans les règles de l'art. Mais trainer dans la boue personnalité de sa qualité, c'est attiser le feu de la révolte et autant faire du tort à l'Etat.

KMK

www.ingramcontent.com/pod-product-compliance
Lightning Source LLC
LaVergne TN
LVHW010936051026
849532LV00003B/1009
* 9 7 8 2 3 4 3 1 8 9 4 6 8 *